职业院校汽车整形技术专业系列教材

职业学校汽车车身修复专业系列教材

汽车车身修复技术

吴云溪　卞青青　主　编

電子工業出版社

Publishing House of Electronics Industry

北京·BEIJING

内 容 简 介

本书以现代轿车为主，系统介绍了车身损坏的各种修复方法。内容包括汽车车身的构造、汽车车身常用材料、汽车车身钣金修复、汽车车身切割与焊接修复、汽车车身与车架的检测和校正、汽车车身各种碰撞损伤的分析与修复，汽车车身附件的装配、检查和调整。本书适应于中、高职和应用技术型大学在校生以及社会相关技术人员以及培训机构作为教材或者培训用书使用。

图书在版编目（CIP）数据

汽车车身修复技术 / 吴云溪，卞青青主编. —北京：电子工业出版社，2015.1

ISBN 978-7-121-24933-4

Ⅰ.①汽… Ⅱ.①吴… ②卞… Ⅲ.①汽车—车体—车辆修理 Ⅳ.①U472.4

中国版本图书馆CIP数据核字（2014）第274086号

策划编辑：杨宏利
责任编辑：杨宏利　　　特约编辑：李淑寒
印　　刷：北京虎彩文化传播有限公司
装　　订：北京虎彩文化传播有限公司
出版发行：电子工业出版社
　　　　　北京市海淀区万寿路173信箱　邮编：100036
开　　本：787×1 092　1/16　印张：12.5　字数：320千字
版　　次：2015年1月第1版
印　　次：2021年12月第5次印刷
定　　价：28.00元

凡所购买电子工业出版社图书有缺损问题，请向购买书店调换。若书店售缺，请与本社发行部联系，联系及邮购电话：（010）88254888，88258888。

质量投诉请发邮件至 zlts@phei.com.cn，盗版侵权举报请发邮件至 dbqq@phei.com.cn。

本书咨询联系方式：（010）88254592，bain@phei.com.cn。

前 言 Preface

为贯彻《国务院关于加快发展现代职业教育的决定》精神，深化职业教育教学改革，推进课程体系改革和教材建设，以适应经济发展、产业升级和技术进步，培养服务区域发展的技术技能人才，广东科学技术职业学院组织汽车专业骨干教师及相关企业专家共同编写了《汽车车身修复技术》教材。

目前，懂得汽车车身修复新技术、新工艺、新设备、新材料，具有质量意识、安全意识，已经成为事故汽车修复技术技能型人才必须具备的能力。

本书参照事故汽车修复领域职业岗位群的理论知识要求和技能要求，以事故汽车维修工作过程为主线，并引进国际先进的汽车碰撞修复技术，内容包括汽车车身结构、汽车材料及性能、汽车车身板件的修理、车身测量与检验、事故汽车碰撞损伤分析与评估、车身结构件变形的校正、车身钣金件的切割与更换、汽车车身修复车间危险源辨识及风险控制，共8个项目。每个项目设置若干任务，每个任务的工作内容相对独立，按照认知规律设计为任务分析、相关知识、任务实施3个步骤进行学习和训练。

本书由广东科学技术职业学院吴云溪、卞青青任主编，参加编写的人员有吴云溪（项目三、项目六、项目八）、卞青青（项目一、项目二）、文有华（项目四）、赖建生（项目五）、叶玉春（项目七），其他编写人员为于海东、陈海波、周景良、刘家昌、吴杰、黄园园、曾淑琴、曾瑶瑶。

本书可供中、高等职业院校汽车整形技术专业、汽车车身修复专业、汽车运用与维修专业教学使用，也可作为事故汽车修复人员的岗位培训教材或自学用书。

本书编写过程中，得到珠海市龙神有限公司、卡尔拉得优胜汽车修复系统（北京）有限公司的技术支持，在此表示感谢。对本书所参阅和引用文献资料的作者表示诚挚的谢意。

由于编者水平有限，错误和疏漏之处在所难免，望读者批评、指正。

编 者
2014年10月28日

目 录 Contents

项目一 汽车车身结构 ……………1

　任务一 汽车车身结构工艺、
　　　　　性能及类型 ………………1
　　一、任务分析 …………………1
　　二、相关知识 …………………1
　　三、任务实施 …………………17

　任务二 车身典型结构特点 ………20
　　一、任务分析 …………………20
　　二、相关知识 …………………20
　　三、任务实施 …………………29

项目二 汽车材料及性能 …………41

　任务一 金属材料的性能 …………41
　　一、任务分析 …………………41
　　二、相关知识 …………………41
　　三、任务实施 …………………46

　任务二 车身金属材料 ……………48
　　一、任务分析 …………………48
　　二、相关知识 …………………48
　　三、任务实施 …………………51

　任务三 车身非金属材料 …………53
　　一、任务分析 …………………53
　　二、相关知识 …………………53
　　三、任务实施 …………………56

项目三 汽车车身板件的修理 ……61

　任务一 车身板件手工整形基本方法 …61
　　一、任务分析 …………………61
　　二、相关知识 …………………61
　　三、任务实施 …………………70

　任务二 车身金属覆盖件损伤修复 …74
　　一、任务分析 …………………74
　　二、相关知识 …………………74
　　三、任务实施 …………………77

　任务三 铝合金覆盖件损伤修复 …81
　　一、任务分析 …………………81
　　二、相关知识 …………………81
　　三、任务实施 …………………82

　任务四 车身塑料板件的修复 ……91
　　一、任务分析 …………………91
　　二、相关知识 …………………91
　　三、任务实施 …………………97

项目四 车身测量与检验 …………102

　任务一 车身数据图的识读 ………102
　　一、任务分析 …………………102
　　二、相关知识 …………………102
　　三、任务实施 …………………107

任务二　车身测量 ·······112

一、任务描述 ·······112

二、相关知识 ·······112

三、任务实施 ·······116

项目五　事故车碰撞损伤分析与评估 ·····121

任务一　车架式车身碰撞变形评估 ·····121

一、任务分析 ·······121

二、相关知识 ·······121

三、任务实施 ·······128

任务二　承载式车身碰撞变形评估 ·····130

一、任务分析 ·······130

二、相关知识 ·······130

三、任务实施 ·······140

任务三　事故车评估报告的制定 ·······144

一、任务分析 ·······144

二、相关知识 ·······144

三、任务实施 ·······153

项目六　车身结构件变形的校正 ·······154

任务一　车身校正设备 ·······154

一、任务分析 ·······154

二、相关知识 ·······154

三、任务实施 ·······158

任务二　车身结构件变形的校正 ·······161

一、任务分析 ·······161

二、相关知识 ·······161

三、任务实施 ·······169

项目七　车身钣金件的切割与更换 ·····171

一、任务描述 ·······171

二、相关知识 ·······171

三、任务实施 ·······180

项目八　汽车车身修复车间危险源辨识及风险控制 ·······188

一、任务分析 ·······188

二、相关知识 ·······188

三、任务实施 ·······192

项目一　汽车车身结构

[任务一　汽车车身结构工艺、性能及类型]

一、任务分析

汽车车身结构作为汽车的基本骨架，是汽车中最大的部件，它决定着汽车的基本形状、大小，甚至是用途。由于事故而造成汽车损坏时，如果车身无法修复，该车已达到报废的程度。所以对车身的制造工艺、车身抗碰撞性能、车身强度及刚度等方面都要有相应的规定。

车身结构包括车身壳体、车前板制件、车门、车窗、车身外部装饰件和内部覆饰件等，它对整车的安全性、舒适性及操纵性有着重要的影响，同时汽车的个性化也是通过车身制造工艺表现出来的。

二、相关知识

1. 车身制造工艺

在车身制造中共有四大工艺，即冲压、焊装、涂装和总装。冲压工艺是指将钢板冲压成车身板件；焊接则是指将冲压成形的车身板件焊接在一起，最后要焊接成一个车身主体及车门、发动机盖、行李箱盖等；涂装工艺则是指对车身钣件进行防锈处理、喷涂漆等；最后一道工艺就是将涂装后的车身与底盘总装成整车。

（1）车身的冲压工艺

① 车身冲压概述

例如车身上的各种覆盖件、车内撑件、结构加强件，还有大量的汽车零部件，如发动机的排气弯管及消声器、空心凸轮轴、油底壳、发动机支架、框架结构件、横纵梁等都是经冲压成形的，冲压工件的制造工艺水平及质量，在较大程度上对汽车制造质量和成本有直接的影响。

所谓冲压工艺性是指冲压件对工艺品的适应性，即所设计的冲压件在尺寸大小、尺寸精度与基准、结构形状上符合冲压加工的工艺要求，汽车冲压件都应具有良好的工艺品性和经济性，衡量其水平的重要标志有冲压件的工序数、车身总成的分块数量和尺寸大小、冲压件的结构等因素。

② 冲压工艺术语

冲压主要是按工艺分类，可分为分离工序和成形工序两大类。分离工序也称冲裁，其目的是使冲压件沿一定轮廓线从板料上分离，同时保证分离断面的质量要求。成形工序的目的是使板料在不破坏的条件下发生塑性变形，制成所需形状和尺寸的工件。成形工序主要包括拉深、弯曲、翻边、旋压等。

● 分离工序

• 冲裁：冲裁是利用冲模使部分材料或工（序）件与另一部分材料、工（序）件或废料分离的一种冲压工序。

冲裁是切断、落料、冲孔、冲缺、冲槽、切边、切舌、切开、整修等分离工序的总称。

切开是将材料沿敞开轮廓局部而不是完全分离的一种冲压工序。被切开而分离的材料位于或基本位于分离前所处的平面上。

● 成形工序

• 拉深：拉深是将平直毛坯或工（序）件变为空心件，或者把空心件进一步改变形状和尺寸的一种冲压工序。

经多次拉深工序所得的筒形件，由第二道拉深工序开始，目前有正、反拉深两种方法。正、反拉深的差别在于凸模对毛坯的作用方向正好相反。反拉深是凸模从毛坯的底部反向压下，并使毛坯表面翻转，内表面成为外表面后直径缩小的加工方法。

反拉深特点：

• 反拉深材料流动的方向与正拉深相反，有利于相互抵消拉深过程中形成的残余应力。

• 反拉深时，材料弯曲与反弯曲的次数较少，冷作硬化也少，有利于成形。正拉深中，位于压料圈圈角部的材料，流向凹模圆角时，内圆弧形成了外圆弧。而在反拉深中，位于内圆弧的材料处在流动中，始终处于内圆弧的位置。

• 反拉深将原有的外表面内翻。原有的外表面拉深的划痕将不影响外观。

• 反拉深坯料与凹模接触面较正拉深大，材料流动阻力也大，因为一般可不用压料圈。但坯料外圈流经凹模入口圆角时，阻力已明显减少，故大直径薄料拉深仍需要压料，以免起皱。

• 反拉深的拉深力比正拉深拉深力大20%左右。

• 反拉深坯料内径 D_1 套在凹模外面，工件 d_2 通过凹模内孔。故凹模壁厚不能超过 $1/2（D_1-d_2）$，即反拉深系数不能太大，太大则凹模壁厚过薄，强度不足。另外，凹模圆角半径不能大于 $1/4（D_1-d_2）$。

• 弯曲：利用压力使材料产生塑性变形，从而弯曲成一定曲率、一定角度的形状的冲压工序。

• 翻边：是沿外形曲线周围将材料翻成侧立短边的一种工序。

③ 冲压工艺特点

冲压是在常温下，利用冲压设备上模具对板料施加压力，使板料在模具内产生分离或变形，成为一定形状、尺寸和性能零件的金属加工方法。

工艺设备操作简便，生产率高，便于实现机械化与自动化。冲压可以获得其他加工方法不能制造或难以制造的形状复杂的零件。

④ 车身冲压设备

● 冲压设备的类型

冲压设备的类型很多，常见的类型如图1-1所示。比较常用的是曲柄压力机。

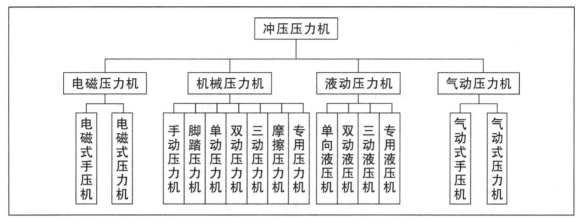

图1-1　冲压设备的类型

● **曲柄压力机**

曲柄压力机是冲压生产中应用最广泛的一种机械压力机，其结构简单，使用方便，动作平稳，工作可靠，在挤压、模锻和粉末冶金等工艺中也广泛应用。曲柄压力机组成如图1-2所示。曲柄压力机由曲柄、连杆和滑块等组成，电动机通过小齿轮、大齿轮及离合器将运动传递给曲柄，曲柄的回转运动通过连杆变成滑块的上下往复直线运动。

● **液压机**

液压机工作平稳，压力大，操作空间大，设备结构简单。液压机广泛应用于拉深、成形工艺。液压机实物如图1-3所示。

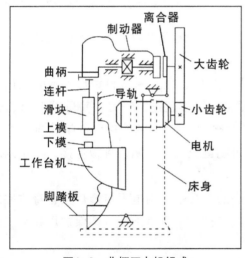

图1-2　曲柄压力机组成

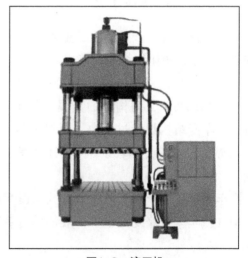

图1-3　液压机

⑤ **车身冲压工艺**

● **冲压工艺的特点**

冲压是一种金属加工方法，它是建立在金属塑性变形的基础上，利用模具和冲压设备对板料施加压力，使板料产生塑性变形或分离，从而获得一定形状、尺寸和性能的零件（冲件）。

● **冲压基本工序**

冲裁：使板料实现分离的工序（包括冲孔、落料、修边、剖切等）。

弯曲：将板料沿弯曲线呈一定的角度和形状的冲压工序。

拉深：将平面板料变成各种开口空心零件，或把空心件的形状、尺寸做进一步改变的冲压工序。

局部成形：用各种不同性质的局部变形来改变毛坯或冲压成形工序（包括翻边、胀形、校平和整形工序等）。

● 冲压工艺流程如图1-4所示。

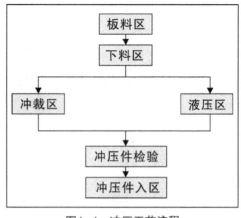

图1-4　冲压工艺流程

（2）车身的涂装工艺

车身的涂装工艺一般指对白车身进行的涂装工艺，主要包括表面预处理（表面清理和磷化处理）、电泳涂底涂层、涂密封胶和防声绝热浆、涂中间层和涂面涂层等几大工艺过程。其中车身涂装工艺的主要内容是电泳涂底涂层和涂装线上机械化的生产过程。

在进行电泳涂底涂层时，要考虑液体的充分流动，因此需要在白车身的某些部位开设一些工艺孔，以保证在电泳过程中，液体的充分浸泡和及时排出；在涂装线的各种工艺传输过程中，要考虑白车身的夹持和保持。目前，现代化的涂装线一般采用多功能穿梭机，在穿梭机上安装吊具与滑橇，实现吊具和滑橇间的自动转挂。因此，在白车身设计时要考虑吊装和翻转时的强度要求和定位要求。

（3）车身的焊接工艺

焊接是白车身生产过程中最重要的工艺，主要焊接工艺有电阻点焊、惰性气体保护焊和钎焊等，其中以电阻点焊最为普遍。

电阻点焊工艺适用于厚度为0.5～4.0mm的无镀层低合金金属材料钢板（碳的质量分数一般小于0.15%），两构件的金属材料钢板厚度比一般不超过2.5∶1，特殊情况可以达到3∶1；在车身结构设计过程中，要尽可能避免厚度比大于2.5的两构件间的搭接电阻点焊，由于点焊工艺的特点，车身结构设计过程中要尽可能避免三层金属构件板焊接，禁止四层板焊接。

汽车车身在生产制造过程中机械化程度是很高的，其中采用电阻点焊焊接车身构件的最多，但在汽车车身修复过程中一般都采用手工焊接工艺，主要是惰性气体保护焊和手工电阻电焊。

（4）车身的总装工艺

车身装配主要采用模块式装配，除以白车身为主体模块装配以外，还有四大装配模块：车门装配模块、仪表板装配模块、车身内饰装配模块、车身外饰装配模块。

车身产品设计过程中要充分考虑生产过程中的装配工艺要求，包括生产节拍的保证、装配（拆卸）方便性的保证、标准件和装配工具的统筹考虑、工艺装配的要求以及装配过程中的检测要求等。同时，在产品装配工艺设计过程中，要将从设计部门获得的产品设计数据作为工艺设计的基础工艺数据，以装配流程图的方式，直观地描述装配的过程和顺序，并以装配过程为主线，将每一过程所涉及的工艺数据、物料数据、工装数据、工时数据、通用工艺和生产反馈数据等有机地结合在一起、为生产提供完整的指导数据。汽车车身的装配生产线机械化程度较高，因此装配的精度也较高，在汽车车身修复时应尽可能地恢复这些装配要求和精度，这样才能更好地恢复汽车车身构件的功能。

2. 车身抗碰撞性能

（1）汽车碰撞的形式

汽车碰撞分为五种不同的形式：垂直弯曲、侧弯、皱曲、菱形损坏和扭曲损坏。

① **垂直弯曲**：当前后碰撞时，汽车会产生垂直弯曲变形，如图1-5（a）所示。

② **侧弯**：侧向碰撞时，汽车的前部、中部或后部会向左或向右弯曲，发生侧弯损坏，如图1-5（b）所示。

③ **皱曲**：一般发生在前横梁之后或后轴上部的车架区域，如图1-5（c）所示。

④ **菱形损坏**：当汽车的角部受到猛烈撞击时，汽车的一侧发生位移，位其车身和车架不再是方形，而形成一个接近平行四边形的形状，如图1-5（d）所示。

⑤ **扭曲损坏**：一般发生在非承载式车身承受很大载荷的车架受到撞击的情况下，这种碰撞使得车架发生翻转，边梁扭曲，超出了水平面，如图1-5（e）所示。

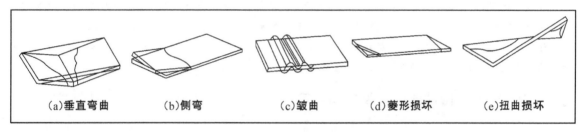

| (a)垂直弯曲 | (b)侧弯 | (c)皱曲 | (d)菱形损坏 | (e)扭曲损坏 |

图1-5　汽车碰撞的形式

（2）汽车被动安全和法规

2003年欧洲行人保护法规2003/102/ECE正式出台，该法规对车辆行人保护方面的性能进行了分阶段的引导要求。2009年根据多年的实际情况，欧洲对行人保护法规进行了修改和调整，推出新法规，即78/2009，欧洲行人保护法规，它的推出及改进是发达国家对行人保护要求的代表。

由中国汽车技术研究中心标准化研究所制定的《汽车对行人的碰撞保护》标准已经由国家质检总局和国家标准委联合发布，并从2010年7月1日起正式批准，成为推荐性国家标准，并已在2013年汽车行人保护法全球法规实施时同步采用。

在法规的制约下，为了提高各自产品的竞争力，各大汽车制造商和一些研究机构纷纷投入专门的技术人员和最先进的计算机设备从事行人安全保护的试验、模拟、分析工作。

① 安生标准与法规

我国汽车强制性标准体系主要参考欧洲ECE/EEC法规体系，表1-1中，新颁布的国家强制标准GB 20071《汽车侧面碰撞的乘员保护》和GB 20072《乘用车后碰撞燃油系统安全要求》已于2006年1月18日批准发布，并于2006年7月1日开始实施。

表1-1　国家安全标准

标准编号	标准名称	标准编号	标准名称
GB 14167	汽车安全带固定点	GB 11550	汽车座椅头枕性能要求与试验方法
GB 11566	轿车外部凸出物	GB 15086	汽车门锁与门铰链的性能要求与试验方法
GB 11552	轿车内部凸出物		
GB 7603	汽车护轮板	GB 15083	汽车座椅系统强度要求与试验方法
GB 9656	汽车用安全玻璃	GB 14166	汽车安全带性能要求和试验方法
GB 15743	轿车侧门强度	GB 11567	汽车及挂车侧面及后下部防护装置要求
GB 17258	汽车用压缩天然气钢瓶	GB 11557	防止汽车转向机构对驾驶员伤害的规定
GB 17354	汽车前、后端保护装置	GB 8410	汽车内饰材料的燃烧特性
GB 17259	机动车用液化石油气钢瓶	GB 20071	汽车侧面碰撞的乘员保护
GB 11551	乘用车正面碰撞的乘员保护	GB 20072	乘用车后碰撞燃油系统安全要求

② 新车评价规程

新车评价规程的主要目的是准确和全面地为消费者提供汽车安全性能的信息，以帮助他们做出购车决定。其特点是执行机构的中立性质，试验内容更严格和全面，对试验结果的评定更加严格、细化和公正。

汽车碰撞以后，受到反作用力，板件发生弹性变形。为了保证乘员的安全，汽车碰撞后车门应能顺利地打开。汽车在碰撞以后. 汽车的安全气囊应能顺利打开。

（3）车身抗撞性能设计要求和规定

① 车身抗撞性能设计要求

● 正面碰撞

确保乘客生存空间，减小乘客舱变形和对乘客舱的侵入。

减小车身速度。

碰撞过程中车门不能打开，碰撞后可以不使用工具打开车门。

● 侧面碰撞

抗侧面碰撞设计应当以减小乘客侵入，维持乘客生存空间为重点。

减小侧围结构对乘客舱的侵入量，防止侵入量过大时对乘客的挤压伤害。

减小侧围结构对乘客舱的侵入速度，特别是与乘客接触时车门的速度，减轻对乘客的撞击力。

碰撞过程中车门不能打开，碰撞后可以不使用工具打开非碰撞侧的车门。

● 后面碰撞

减小乘客舱变形，通常用后排座位R点的前移量来衡量。

减小碰撞中车身的减速度，减轻乘客鞭梢性伤害。

在碰撞中维持油箱的存放空间，减小对油箱、油路的挤压。

● 翻滚

汽车翻滚的变形如图1-6所示。

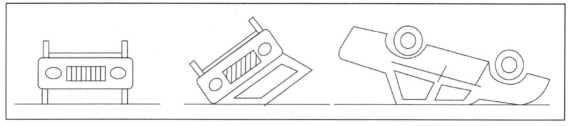

图1-6　汽车翻滚的变形

减少乘员舱的变形量，特别是车顶的变形。

要求碰撞过程中车门不能打开，但是碰撞后可以不使用工具即可打开车门。

● **低速碰撞**

主要避免汽车重要部件的损坏，减少因撞车带来的维修费用。

要求设置低速碰撞吸能区，使低速碰撞车辆的动能主要通过低速碰撞吸能区的变形被吸收，并尽量不使低速度碰撞吸能区后部的车身主要结构发生永久变形。

● **行人保护**

车身结构设计时应将相关部件的刚度设计得软一些，以缓冲对人体的撞击。

在行人保护措施中，应防止车外凸出物对行人的伤害。

② **车身抗撞性能设计规定**

● 碰撞后，通过座椅R点的横向平面与通过仪表板最后边投影线的横向平面间的距离不小于450mm。

● 碰撞后，通过座椅R点的横向平面与通过制动踏板重心的横向平面间的距离不小于650mm。

●放脚位置空间的左右隔板间的距离不小于250mm。

●汽车地板与顶棚的距离减少量不超过10%。

●碰撞过程中车门被不能撞开。

●碰撞后，侧门应能不使用工具被打开。

（4）车身抗撞件设计内容

车身抗撞性设计的核心内容就是合理组织车身结构各部分的刚度，因此，可以将车身抗撞性设计的主要内容分为三个方面：车身结构刚度组织、车身结构刚性设计、车身结构吸能设计。具体内容如下。

① **车身各个部位的构件的设计**

● **正面碰撞的刚度设计要求**

通过撞击缓冲原理可知，将车身前部结构刚性设计得小一些，同时将乘员舱的刚性设计得大一些，在碰撞中，汽车动能大部分通过前部结构的塑性变形转化为车身结构的应变能，一方面可以减小对乘员舱的作用力，降低在同样条件下对乘员舱刚性的要求；另一方面，可以减小车身速度，为此，需要合理组织车身前部结构和乘员舱的刚性。

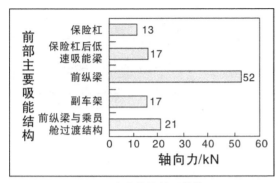

图1-7　车身构件的吸能情况

· 吸能的组织

图1-7所示的是某轿车正面碰撞中前部主要结构的吸能情况，由图看出，乘员舱前部的纵梁（包括前端低速碰撞吸能的部分和后端与乘员舱的过渡部分）是主要的吸能部件，在碰撞过程中由它向后传递的碰撞力也最大。多数轿车的情况都与此类似。因此，在进行吸能组织设计时，应充分发挥主要吸能部件的作用，使它们吸收多数的碰撞动能。

· 吸能模式与对薄壁梁变形模式的要求

在正面碰撞中，前部结构变形是一种轴向压溃和弯曲的混合模式，但弯曲变形的吸能效率低，作为乘员舱前部的主要吸能部件是纵梁。碰撞吸能区，一般由前部较软的结构、压缩变形区和乘员舱保护区构成。

· 乘员舱的刚性设计包括载荷路径分析设计和主要部件设计

载荷路径分析与设计。对于正面碰撞，在设计碰撞载荷向后传递的路径时，应当考虑纵向的梁形结构是乘员舱前部结构的主要吸能部件；在吸收相同碰撞动能的情况下，对后部支撑结构的作用力也大。如果乘员舱某个部位可以承受较大的纵向力，则可以在其前端布置纵向压缩刚度较大的吸能结构或引导纵向压缩力由此向后传递。

在纵向力向后传递时，应尽量通过多个结构对其进行分流，这一方面可以增强对前部传递来的纵向力的支撑能力；另一方面，可以降低对各分支结构刚性的要求。

通常，乘员舱用于向后传递纵向力的主要路径有两条：如图1-8所示。一条是通过乘员舱底部纵梁和门槛梁向后传递，这条路径承受纵向力的能力最大。另一条路径是纵向力经前指梁和铰链柱、A柱、车门及其抗侧撞梁和门槛梁向后传递；此路径上较大的载荷会导致前门框的较大变形，使碰撞后车门开启困难，因此该路径前部结构的吸能能力通常较小。

对主要部件的要求。为了满足为前部吸能结构提供牢固支撑的要求，应将乘员舱刚度设计得大一些，也就是乘员舱与载荷路径相关结构在承受前部传递的载荷时应有较大的刚度。这其中比较重要的是前纵梁与门槛梁间过渡结构的刚度和门槛梁的轴向压缩刚度，还有A柱与铰链柱的接头、A柱上接头和铰链柱下接头承受纵向力的刚度。为了在偏置碰撞中更有效地发挥两侧结构的能

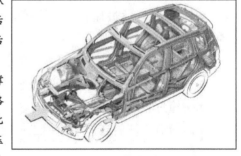

图1-8　车身正面撞击力的传递路径

力，采用弯曲刚度较大且端部结构连接刚度大的前风窗下横梁和仪表板安装横梁是有益的。

另外，乘员舱结构刚度不应随着变形的增加而突然减小，因为在碰撞速度更大的时候，需要通过乘员舱变形进一步吸收剩余的碰撞能量。

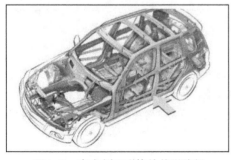

图1-9　车身侧面碰撞的传递路径

● 侧面碰撞的刚度设计要求

· 侧向撞击的传递

当汽车侧面受到撞击时，车门在侧向撞击力的作用下，产生向车内运动的趋势，这种趋势受到车门框的阻挠，同时，车门框受到车门传递来的侧向力的作用。如果车门内布置了抗侧撞梁，前门受到的侧向撞击力将主要被传递到铰链柱和B柱；后门受到的侧向撞击力将主要被传递到B柱和C柱。图1-9是汽车受到侧向撞击时，侧向力在车身结构中的传递情况。

· 载荷路径的设计

为了减小汽车侧面受到撞击后对乘员舱的侵入，在设计侧向撞击力在车身结构中传递的路径时，应注意：乘员舱横向结构对侧向结构向车内的运动或变形起到了重要的抵抗作用；侧围结构自身的刚度对其向车内的运动或变形也起到了重要的作用；车门抗侧撞梁和B柱将侧向撞击力分流给侧围框架，并经乘员舱的横向结构传递到非撞击侧。如何将侧围结构组织成一个刚性的整体，对于减小车门对乘员舱的侵入非常重要。

· 对主要部件刚度特性的要求

车门。通过设置抗侧撞梁，可以将车门受到的载荷分散给两侧立柱，减小车门受撞击区域的变形。图1-10为车门中抗侧撞梁的布置。在设计时，应当防止碰撞过程中抗侧撞梁出现受弯失稳。通过对车门铰链和门锁的设计，使车门抗侧撞梁与车身结合为一体。有利于将车门所受的撞击力有效地传给两侧的立体。

B柱。通过前面的分析可知，B柱抵抗向车内弯曲变形的弯曲刚度是非常重要的，希望将这个刚度设计得足够大。另外，由于B柱各截面形状很复杂，在各截面处抵抗弯曲的能力是不同的，其分布也很重要，如果分布不合理，在撞击中B柱会产生受弯失稳，这时的B柱抵抗侧向撞击的能力会急剧下降。汽车侧面受撞击时，通常B柱中段受到的弯矩较大。为防止因局部进入塑性变形阶段而产生塑性变形，通常采取加强措施，图1-11中B柱加强板的作用就在此。通过分析侧面碰撞中B柱弯矩的分布情况，可以找出B柱上的薄弱环节，并为进一步补强提供依据。

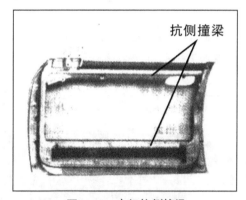

图1-10　车门抗侧撞梁

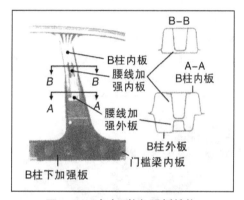

图1-11　车身B柱加强板结构

门槛梁。侧撞时门槛梁的变形主要是向车内侧的弯曲变形。为防止这种变形，门槛梁中部受到侧向撞击力后向车内变形的弯曲刚度大小和分布都很重要，这一点与对B柱的要求相似。为了提高门槛梁的弯曲刚度或改变其分布，同样可以使用加强板，也可以采用其他方法，如填充发泡材料等。对车顶边梁的要求与此相似。

接头结构。为了防止出现铰链效应，应当提高接头结构的刚度，以使侧面撞击载荷可以通过接头结构传递给其他主要承载结构。

乘员舱底部横向结构。在侧面碰撞中，乘员舱横向结构对侧围结构起到了支撑的作用，起主要作用的是横向的梁结构，如顶盖横梁、前风窗下横梁、仪表板安装横梁和地板横梁等。从车身结构抗侧面碰撞设计要求的角度，应当提高它们的刚度并防止在受到轴向载荷时发生弯曲失稳。图1-12为某轿车乘员舱主要横向梁结构的布置情况。

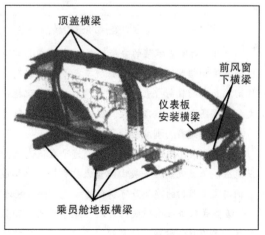

图1-12　车身横向梁结构布置

●后面碰撞的刚度设计要求

对于低速的后面碰撞，抗撞性设计的主要目的是减少因维修带来的费用，这一点和正面低速碰撞相似，相关内容将在低速碰撞中讲解。当碰撞速度较大时，希望降低车身的减速度以降低乘员舱受伤的可能，并希望乘员舱的变形小。将后部结构设计得软一些，即通过设置吸能结构缓冲撞击可以实现这些要求，这种措施和正面碰撞相似。为了防止后面碰撞中由于后部结构变形对燃油箱的挤压，通常将燃油箱布置在压缩变形区之外。当车轮参与碰撞时，后轮前面刚度较大的载荷路径开始参与对撞击的抵抗，车身后部结构的压缩一般不再明显增加，所以许多轿车的燃油箱被布置在后轮的前面。

后面碰撞中，撞击力向车前方传递的路径通常主要有两条，如图1-13所示。第一条由后保险杠，经后纵梁传递给门槛梁；第二条由后车轮后部结构，经后车轮传递给门槛梁。对于第一条载荷路径，由于当轮胎参与碰撞后，它与其前面轴向刚度较大的门槛梁接触，导致对撞击的抵抗明显增加，所以碰撞吸能区通常被布置在后轮后部，而将后轮作为变形限制器加以利用。

为了实现轿车轻量化，车身后部长度有变短的趋势。因此，应当提高后部结构吸能的效率。在轿车总体设计时，有时后纵梁前端不得不采用折曲的形状。因此，不仅要控制其能量吸收特性，而且必须控制它的变形模式，防止发生严重的弯曲变形。

●滚翻的刚度设计要求

车顶变形引起乘员生存空间丧失是滚翻事故中乘员伤害的主要原因之一。因此，针对滚翻进行抗撞设计时，减小车顶的变形是设计的重点。

滚翻事故中，车顶与地面接触，在地面的作用下发生变形，车顶的结构受力情况如图1-14所示。车顶受到来自地面的作用主要可分为前、后方向的载荷，侧向载荷和垂直向下载荷，这些载荷都通过车顶立柱及相应接头传递到刚度相对较大的车身底部和前、后围结构。

图1-13　车身后面碰撞冲击力传递路径

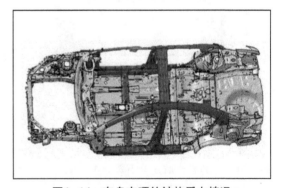

图1-14　车身车顶的结构受力情况

由前面对安全框架的分析可知，为了减小车顶结构在滚翻中的变形，应当通过立柱、车顶边梁、横梁和相应接头结构组成的框架整体抵抗车顶受到的载荷。为此，在车身结构设计中应当注意合理组织框架的结构，将作用在局部的载荷分散给整个框架；合理匹配框架各部分的刚度，防止因应力集中造成失稳而导致这种机制的失效；提高立柱和车顶边梁、横梁的弯曲、轴向刚度，以及接头对各分支弯矩的抵抗刚度。

●低速碰撞的刚度设计要求

根据车身抗撞性的设计要求，为了在低速碰撞时，减少因撞车带来的维修费用，应当在汽车前端设置低速吸能区。低速吸能区一般由能量吸收式保险杠构成，也可以在其后部和前纵梁之间再布置低压缩刚度的结构，它们与主要结构的连接是可拆卸的方式，如螺栓连接。

吸能式保险杠由保险杠外板、能量吸收体和骨架构成。按能量吸收的不同，可分为不同的类型。能量吸收体的种类有泡沫材料、蜂窝材料、波纹管和筒状油液缓冲器等。图1-15是筒状油液缓冲器结构的示意图。这种装置通过油的黏性阻尼力抵抗碰撞，吸收碰撞能量，具有能量吸收率高、热敏性能稳定等优点。

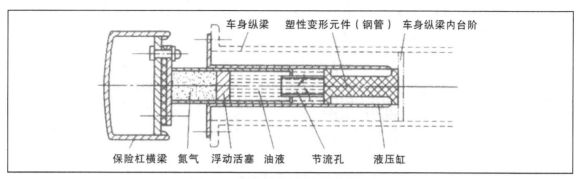

图1-15　筒状油液缓冲器结构的示意图

● **减轻对行人的伤害的刚度设计要求**

为了减轻对行人的伤害，应当对车身结构相应部分进行软化或在其周围使用能量吸收材料。具体措施包括：为减轻行人与汽车一次碰撞的伤害，应对保险杠、前散热器罩和发动机舱盖前端等部分进行软化；为了减轻行人与汽车二次碰撞的伤害，应在发动机舱盖和风窗玻璃周围使用能量吸收材料。图1-16所示的是从保护行人出发设计的汽车头部的"软"外形。为了防止车身外凸出物对行人的伤害，可采用将门把手等装置设计成内凹式，采用具有缓冲机构的后视镜等措施。

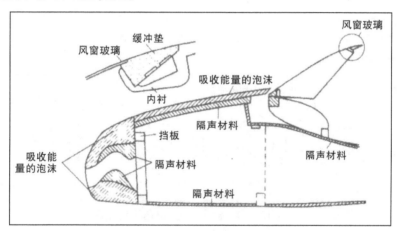

图1-16　汽车头部的"软"外形

② 熟悉车身构件的吸能原理

● **薄壁梁轴向受撞击后的变形模式**

汽车结构中的薄壁纵梁在轴向受到撞击后，有两种基本的变形模式：轴向压溃和弯曲。仅当汽车发生前部或后部的正面碰撞或小角度（5°～10°）碰撞时，作为主要吸能部件的前、后纵梁才会出现单纯的轴向压溃变形；而在通常的碰撞事故中，车身前部和后部的大多数梁形结构经常发生的是轴向压溃和弯曲的联合变形。更复杂的变形模式（如扭转），多发生在乘员舱梁形结构间的过渡处，如在侧面碰撞中，门槛梁与柱接头处会受到扭转载荷的作用。

对于吸能而言，轴向折叠压缩被认为是效率最高的变形模式。然而，由于与之相关的各种不稳定因素的存在，这种单纯的变形模式是最难实现的。图1-17所示为典型的方形薄壁梁轴向压溃变形。在这种情况下，变形由相互一致的折叠组成。

弯曲是一种吸能效率较低的变形模式，在碰撞中，车身前部结构总有发生这种变形的倾向。即使对于通过轴向压溃吸能的结构，除非采用特殊措施提高对斜向载荷的稳定性抵抗力，否则当受到斜向载荷时也会发生弯曲变形而导致设计失败。由于过早的损失吸能能力将彻底改变结构的压缩特性，而这种情况又通常是以一种不可预测的方式出现的。因此，在进行车身抗撞性设计时，防止出现这种情况是非常重要的。图1-18所示为方形薄壁梁在轴向压缩载荷作用下发生的弯曲变形。

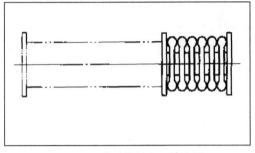

图1-17　薄壁梁轴向压溃变形　　　　　　图1-18　车身方形薄壁梁的弯曲变形

●**薄壁梁结构吸能。**

·轴向压溃变形的产生。薄壁梁轴向压溃变形的产生可以分为如下几步：

在撞击之后轴向载荷迅速增加；

当轴向载荷达到某数值时，最薄弱的侧板发生屈曲，这称为局部屈曲，如图1-19（a）所示，在这种局部屈曲的影响下，其他侧板先后屈曲，并在整个板上产生屈曲变形波；

随着侧板变形的增加，在棱线处产生'应力集中，此处对应于半波长的中间，如图1-19（b）所示；

当载荷达到最大值，棱线应力集中的部位发生屈服与塑性变形，薄壁梁被压溃，沿着先前产生的压缩波开始发生折叠，如图1-19（c）所示；

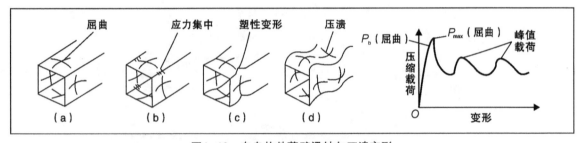

图1-19　车身构件薄壁梁轴向压溃变形

接着产生第一次屈曲和屈服。由于在第一次局部屈曲时各侧面的整个板上都产生了小变形波，因此随后的峰值载荷都比第一个峰值载荷明显减小。

·触发结构的应用。由对薄壁梁轴向压溃变形过程的分析可知，在第一次局部屈曲时，梁各侧面的整个板上产生的变形波，使轴向载荷随后的峰值都比第一个峰值明显减小。因此，可以利用该原理使薄壁梁预先产生微小的变形波，以减少轴向压缩时第一个峰值载荷的大小，这称为"预压缩技术"，波纹管轴向压缩的情况与此类似。

3. 车身强度、刚度、振动、疲劳、闭合件等方面的要求

（1）车身强度的要求

汽车车身强度是指车身的抗扭曲能力、1000MPa是指材料的抗压性，它属于高刚性材料，强化前后悬挂各部分的刚性及车身整体架构的刚性，让抗扭强度增强，横向刚度增强。

（2）车身刚度的要求

车身刚度是车身性能评价的一个非常重要的指标，在对车身刚度分析的过程中，不仅要对车身的整体刚度进行刚度评价，还要对窗框、门框、车门、上下立柱接头等重要部位的局部刚度进行刚度评价。

（3）车身振动的要求

车身是一个多自由度的弹性系统，在外界的激励作用下将产生振动和无限多的固有振型，如果车身的整车刚度和局部刚度不合适，将会产生共振，使人体不适应，还会带来噪声和部件的疲劳损坏。汽车车身减少振动的要求：

① 当激振频率与车身固有频率接近时，就会引起车身的共振。由路面不平引起的激励频率多在20Hz以下，该汽车车身的一阶弹性模态频率（31.81Hz）避开这个范围的车身设计才合理。

② 该车前、后悬架系统频率为1～2Hz，而该汽车车身的一阶弹性模态频率为31.81Hz，表明车身设计避开了该车悬架系统的固有频率，车身设计合理。

③ 发动机怠速时转速为820～850r/min，怠速频率为27～30Hz，因此可判断，怠速时车身与发动机不会发生共振。

④ 正常行驶时发动机爆发频率为70～120Hz，而发动机振动主要由车身底架承受，在这个频带范围内整个车身底架所有振型连续圆滑且振动幅度小的车身设计才合理。

（4）车身疲劳的要求

在车身结构上通常采用改变零件的局部形状尺寸、调整局部零部件的位置、增加加强筋或辅助零件、整体采用较厚的钢板或采用拼焊板材料的方法来提高车身抗疲劳性能。

采用改变零件的局部形状尺寸、调整局部零部件的位置要对原有的零部件进行改动，并有可能影响到全车整体的布局，在制造工艺上，有可能要调整模具，成本高，一般不宜采用；增加加强筋或辅助零件、整体采用较厚的钢板的方法，适用于形状并不十分复杂的零部件。使用拼焊板技术不用改变零部件的位置，根据车身不同部位强度的要求，合理使用一些不同强度的材料，不需要焊接加强筋，减轻车身的质量，减少车身零件的数量，这是最优的结构优化方法。由于拼焊板可以一次成形，减少了大量冲压加工的设备和工序，缩减了模具的安装过程，简化了车身制造过程。

（5）车身闭合件的要求

① 车身闭合件

其主要包含发动机罩盖、行李舱、铰链机构、锁止机构等，详细要求如下：

● 保证盖有足够的开度，开启过程中不与车身其他部分干涉；

● 为了确保打开关闭闭合件时轻便灵活，铰链机构一般采用平衡弹簧；

● 车身闭合件要有足够的强度和刚度，以保证运动正确、可靠、耐用。

② 发动机罩盖和行李舱

大多数汽车发动机罩前部用锁固定，后部通过铰链悬挂于车身前围板上，是往后开启的形式，如图1-20所示。行李厢盖悬挂于后围挡板上，后端用锁固定，是往前开启的形式，如图1-21所示。两盖都由内、外板组成，外板是车身上的大型覆盖件，其形状必须满足车身造型的要求；为增加其刚度并可靠地固定在车身上，一般由内板起加强作用。

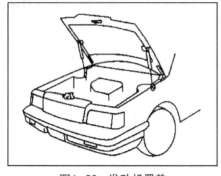

图1-20　发动机罩盖

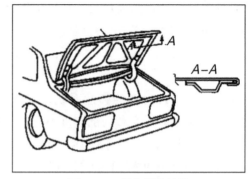

图1-21　行李箱盖结构

内板沿罩、盖的外板四周设置，通过翻边压合或黏结与外板组合。在内板上焊接有安装铰链、锁和支撑杆用的加强板，为了结构轻量化，可通过拓扑优化计算方法，在内板上挖去受力小（应变能小）的材料。

与发动机罩配合的部件是由翼子板、前围板、散热器框架等形成的一个刚性周边。为避免发动机罩与周边框架接触而产生振响，沿周边设有一些附加的发动机罩的支点——橡胶缓冲块。为保证发动机罩与周边之间的间隙均匀，发动机罩是可以调整的，所以往往在铰链臂上或车身挡板上做有椭圆孔，而铰链与车身是通过螺钉和活动螺母板连接的。对行李厢盖来说，为了保护行李，在关闭状态整个行李厢盖的周边应该紧紧地压在行李厢框架的橡胶密封条上。由于轿车上行李厢口几乎是沿水平布置的，故更应注意密封性。图1-22（a）所示为密封条固定在行李厢口上，而图1-22（b）所示为密封条固定在行李厢盖上。当气温很低时，后者的密封条会与厢口冻结在一起；打开行李厢盖时，密封条可能从胶结面上被拉下来，所以必须采取沿厢口侧设流水槽或其他措施。

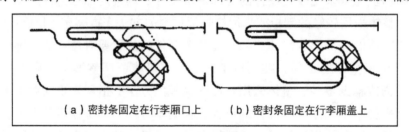

（a）密封条固定在行李厢口上　　　（b）密封条固定在行李厢盖上

图1-22　盖的密封结构

③ 熟悉铰链机构和锁止结构

● 铰链机构的基本要求

· 保正盖有足够的开度，并在开启过程中不与车身其他部分干涉。行李厢盖的开度一般为40°～50°，发动机罩盖开度则可达90°，主要是为了拆卸发动机方便。

· 开闭盖必须轻便、灵活，因此铰链机构采用平衡弹簧。

· 有足够的强度和刚度，以保征运动正确、可靠耐久。

带有平衡弹簧的铰链称为平衡铰链，有简单平衡铰链和连杆式平衡铰链之分。简单平衡铰链绕固定轴旋转，如图1-23所示，可通过恰当地选择轴线位置及铰链臂的形状，避免盖在开启过程中与车身干涉，并保证一定的开度。由于简单平衡铰链结构简单，故较多采用。

但有些车身因为结构布置或车身外形等原因，不宜采用这种简单铰链，而应采用连杆式平衡铰链，如图1-24所示。连杆式平衡铰链在开启盖时其瞬间旋转中心是不断变化的，可以通过改变机构连杆尺寸来实现所要求的任何运动轨迹和开度，所以也有许多汽车采用这种铰链。

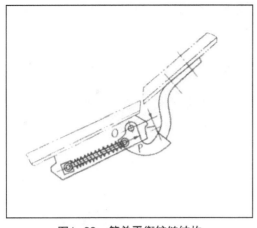

图1-23　简单平衡铰链结构

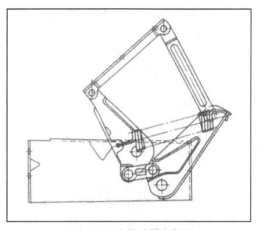

图1-24　连杆式平衡铰链

若已知盖的重量和工作开度时盖的重心位置（初设计时可以估算），根据机构的几何关系，可算出相应的为了平衡盖的重力矩所需的弹簧力。平衡机构弹簧特性应使盖在关闭位置时，弹簧力对铰链销轴线的力矩能够平衡盖的重力矩，而在盖开启至最大位置时，所需弹簧的平衡力矩应略大于盖的重力矩，以使开启轻便。

●锁止机构

发动机罩锁止机构通常由上、下锁体，操纵机构和安全钩等组成。现多用柱销锁或卡板锁。

图1-25（a）所示是卡板式的锁止机构，是行李厢盖锁止机构的典型结构，一般关上厢盖便自动锁紧，采用整车的操作方法便可打开。图1-25（b）是按钮式的锁止结构，按钮钥匙芯埋藏在按钮内；只要不是用钥匙锁上，即便关上厢盖，用按钮也可打开。在行李厢盖锁止装置上装有安全机构，这种安全机构必须通过操作锁止器上的操纵杆或与锁止器相连的钥匙芯才能打开；如用遥控开启装置，一般采用缆线控制，操作手柄设置在驾驶席旁边，图1-26所示。此外，还有电磁式开启装置。

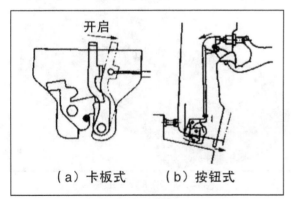

（a）卡板式　（b）按钮式

图1-25　行李箱锁止装置

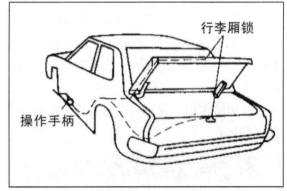

图1-26　遥控开启装置

4. 车身的结构形式

车身的结构形式分为车架式车身、承载式车身、半承载式车身等三种形式。

（1）车架式车身

如图1-27所示，车架式车身也称非承载式车身，其特点车身与车架通过弹性元件连接。汽车车身仅承受本身、所装载客货的重力和汽车行驶时的惯性力与空气阻力。而发动机，底盘各部件的重力及这些部件工作时的作用力，以及汽车行驶时道路对汽车外加载荷等都由车架承受。

（2）承载式车身

如图1-28所示，承载式车身也称无车架式车身，车身底架就是发动机与底盘各总成的安装基础。全部载荷都由车身来承受。其优点是刚度好，抗振动较强，质量轻，地板高度较低，有效地利用车厢内空间，轿车多采用这种形式。

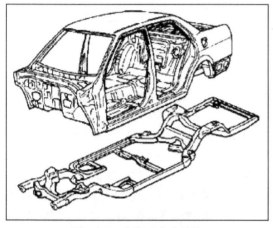
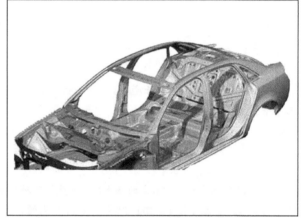

图1-27　车架式车身结构　　　　　　图1-28　承载式车身

（3）半承载式车身

如图1-29所示，半承载式车身的特点是车身与前支架用焊接或螺栓刚性连接。二者成为一体而承受载荷。它实质上是另一种无车架车身，只是装了前支架，起着一部分车架的作用，发动机和悬架均安装在车身前支架上。

图1-29　半承载式车身

5．轿车车身的结构

整体承载式车身由车身壳体、车身外部装配件、车身内部装配件构成。

（1）车身壳体

如图1-30所示，车身壳体是整车的基础件，整车载荷由其承受。因此，整车的性能、质量、可靠性与车身壳体紧密相关。车身壳体的大部分部件都通过焊接组合，也有少部分采用胶合方式，还有个别部件如前翼子板采用螺钉连接。

（2）车身外部装配件

车身外部装配件主要包含前保险杠总成、前围上板、前灯座框总成、左右前翼子板、左右前车门总成、左右后门总成、后保险杠总成、背门总成、发动机罩盖总成及各类灯具、各类饰件等，如图1-31所示。

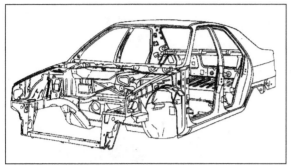

图1-30　车身壳体

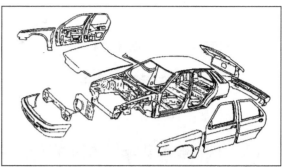

图1-31　车身外部装配件

（3）车身内部装配件

车身内部装配件主要包括仪表板总成、操纵台、座舱内饰板、左右前座椅及安全带机构、后座椅总成、内视镜、后搁板等。

🌀 三、任务实施

由于事故汽车与其他车辆相撞，造成车身严重变形，在修复之前应进行拆卸，再进行车身结构件的修复、更换和装复。

1. 拆卸车门

（1）拆下铰链螺栓或焊上的胶销，拆下内饰板，断开线束，如图1-32所示。

（2）将车门打开将近一半时，用移动千斤顶支垫，如图1-33所示。

（3）拆卸车门铰链螺栓，如图1-34所示，拆卸最后一个螺栓前，要有人协助。

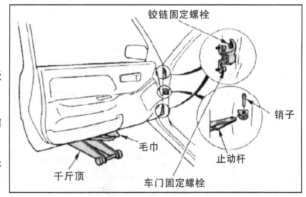

图1-32　拆卸车门

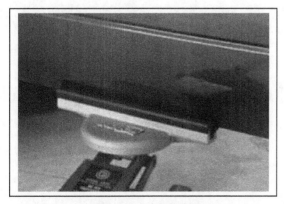

图1-33　利用千斤顶

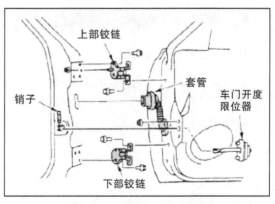

图1-34　拆卸车门铰链螺栓

汽车车身修复技术
QI CHE CHE SHEN XIU FU JI SHU

2. 修理车门密封条

拆下车门后，检查密封条是否老化或损坏，若有任何小孔、裂口或裂缝，必须拆下并换上新的车门密封条，以防止密封失效后空气和水进入乘坐室。

3. 拆卸装饰板和相关构件

其结构如图1-35所示。

4. 车窗玻璃升降器的修理

其结构如图1-36所示。

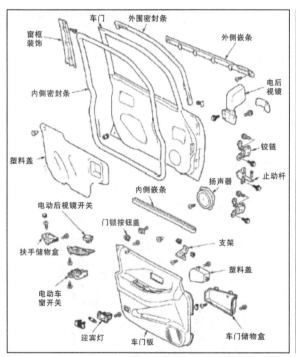

图1-35　拆下车门装饰板和相关构件

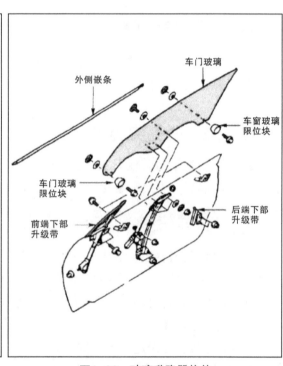

图1-36　玻璃升降器构件

5. 乘客室内结构件的拆装

其结构如图1-37所示。

6. 地毯构件的拆装

其结构如图1-38所示。

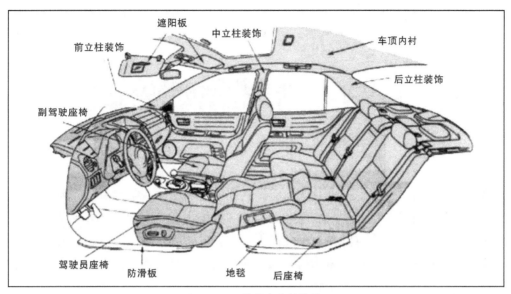

图1-37　乘客室内结构件

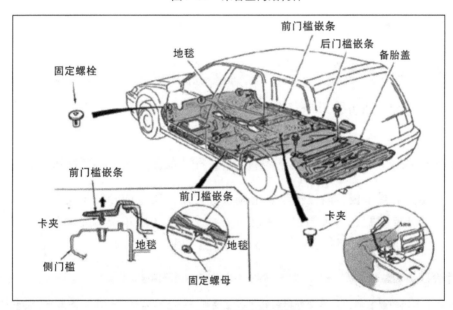

图1-38　地毯构件的拆装

[任务二　车身典型结构特点]

🔘 一、任务分析

　　车身属于汽车各总成中的一大总成，无论它在外形、结构、生产方法、所用材料、装配技术、维修工艺等许多方面，均与底盘各总成存在着根本性的区别。从外形结构来看，壳体（特别是轿车）由许多具有空间曲面形状的大型覆盖件（如车顶、翼子板、发动机罩、外蒙皮等）组成，于是掌握车身的典型结构特点，并能划分车身结构的各组成部分是车身修复的主要内容。

🔘 二、相关知识

1. 轿车典型结构特点

　　轿车车身壳体通常也分为三段，即由前车身、中间车身和后车身三大部分及相关构件组成。

（1）前车身

　　前车身主要由前翼子板、前段纵梁、前围板及发动机罩、前轮罩（又称翼子板内补、翼子板骨架、前悬架支撑板、大包等）、发动机安装支撑架（副车架、元宝梁）以及保险杠等构件组成。大多数轿车的前部装有前悬挂及转向装置和发动机总成。

① 前保险杠

　　前保险杠位于车辆的最前端，是车身外部装饰体，主要部件一般由非金属面罩与金属加强筋相连而成，起到装饰、防护作用，应用于所有车辆车身。典型前保险杠结构如图1-39所示。

　　前保险杠在车辆行驶过程中经常发生刮蹭、碰撞等情况，前保险杠外皮、支架、装饰条等零件比较容易受到损坏，这些部件损坏后一般直接更换新件；前保险杠杠体一般优先考虑钣金修复，而不采取换件操作。前保险杠外皮如果与车身同色，在更换后还需要进行喷烤漆处理。

② 前翼子板

　　前翼子板位于汽车发动机罩侧下部，前轮上部、是重要车身装饰件，主要部件一般采用薄钢板冲压制造，如图1-40所示。

　　普通轿车的前翼子板主要由前翼子板外板、前翼子板内板、翼子板衬板及翼子板防擦装饰条等组成，部分轿车还装有翼子板轮口装饰条。

　　在车辆碰撞事故中，翼子板外板、内板等钣金件经常因碰撞而发生变形，此时应视损坏程度采用钣金修复或更换新件，固定卡子、固定卡扣、固定螺栓在更换翼子板时应一同更换。保险杠杠体一般优先考虑钣金修复，而不采取换件操作。前保险杠外皮如果与车身同色，在更换后还需要进行喷烤漆处理。

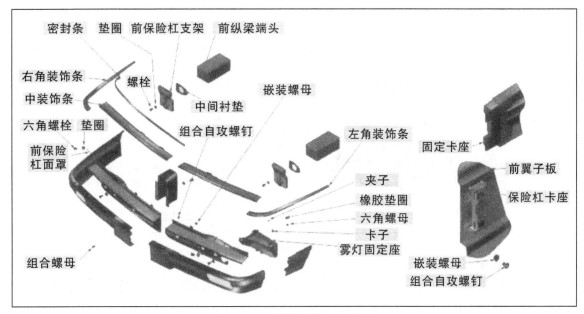

图1-39　典型前保险杠结构图

③ 发动机罩

发动机罩位于车辆前上部，是发动机舱的维护盖板，如图1-40所示。

轿车的发动机罩主要由发动机罩、发动机罩隔热垫、发动机罩铰链、发动机罩支撑杆、发动机罩锁、发动机罩锁开启拉索、发动机罩密封条等零件组成。

发动机罩多用高强度钢板冲压成网状骨架和蒙皮组焊而成，多数轿车还在夹层之间使用了耐热点焊胶，使之确保刚度并在其间形成良好的消声胶层。车

图1-40　前翼子板与发动机罩

身维修中应有针对性实施解体方案，不要轻易用火焰法修理，以免破坏夹胶的减振与隔音作用。

在发动机罩的组成零部件中，发动机罩锁拉线、发动机罩锁总成比较容易发生损坏，对于这些零件只要更换新件就可恢复原有功能；撑杆、密封条以及缓冲垫等一般不会损坏，而发动机罩一般也只是由于车辆发生碰撞等而变形，损坏不严重可采取钣金修复，一般不采取换件修复。

④ 前围板

前围板位于乘客室前部，通过前围板使发动机室与乘客室分开。前围板的两端与壳体前立柱和前纵梁组焊成一体，使整体刚性更好。由于前车身的后部构造还起横向加固壳体的作用，一般采用双重式结构。靠近发动机室一侧主要起辅助加强作用，靠近乘客一侧用高强度钢板冲压成形，并于两侧采用沥青、毛毡、胶棉等绝缘材料，以求乘客室振动小、噪声低、热影响小。

⑤ 前纵梁

前纵梁是前车身的主要强度件，直接焊接在车身下部。其上再焊接轮罩（有的前轮罩与前纵梁为一体式）等构件，如图1-41所示。为了满足承载和对前悬架、转向系统等支撑力的受力要求并使载荷分布均匀，前

纵梁前细后粗截面不等，同时截面变化也较为明显，能够提高汽车受冲撞时对冲击能量的吸收，尤其是断面A、B处，受冲击时将首先变形，以吸收能量。纵梁上钻有许多不同直径的小孔，用于安装发动机总成及汽车附件。

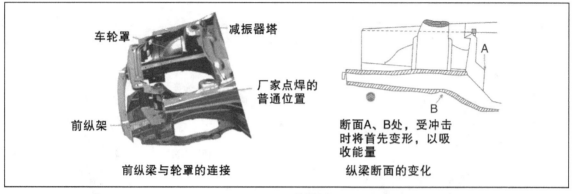

图1-41 前纵梁

（2）中间车身

中间车身设有车门、侧体门框，门槛及沿周采用高强度钢制成的抗弯曲能力较高的箱型断面，中间车身侧体框架的中柱、边框、车顶边梁、侧体下边梁等结构件也采用封闭型断面结构。车顶、车底和立柱等构件，均以焊接方式组合在一起。

中间车身的立柱起着支撑风窗和车顶的作用，一般下部做得粗大，上部的截面尺寸需要考虑驾驶视野而缩小。立柱包括前柱（A柱）、中柱（B柱）与后柱（C柱）三种。

① 立柱/门槛板/地板

立柱、门槛板是构成车身侧框架的钣金结构件，是车身非常重要的支撑件，如轿车、吉普车等车型的侧框架一般由前、中、后门框及门槛、门楣等构成一个框架结构，用来固定车门、支撑顶篷、固附车身蒙皮等。图1-42所示为立柱/门槛板/地板位置及车身加强件示意图。

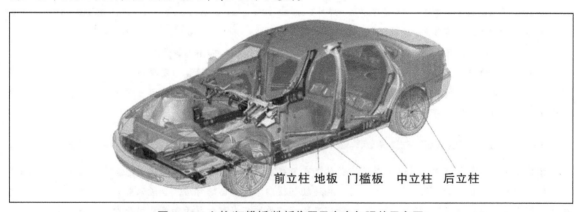

前立柱 地板 门槛板 中立柱 后立柱

图1-42 立柱/门槛板/地板位置及车身加强件示意图

地板是车辆用来承载乘客、货物的基础件，是车身非常重要的钣金件。车辆上几乎所有的组件都直接或间接地安装在地板上，如乘员座椅直接安装在地板上，仪表台通过仪表台框架间接安装在地板上。车辆发生变形损坏时地板基本上采用钣金修复。

② 车顶

车顶是指车身车厢顶部的盖板，其上可能装备有天窗、换气窗或天线等，如图1-43所示。车顶主要由车顶板、车顶内衬、横梁（可能由前横梁、后横梁、加强肋等组成），有的车型还备有车顶行李架。

在车顶的零件中，车顶内衬若损坏一般采取换件的方式，其他金属零件一般采取钣金修复，只有在损坏非常严重而无法钣金修复时采取换件修复。

电动式天窗一般由天窗框架、天窗玻璃、天窗遮阳板、天窗导轨、驱动电动机等零件组成。天窗总成的零件

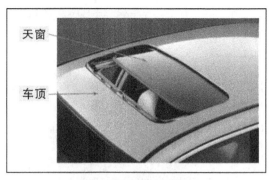

图1-43　车顶示意图

一般不容易发生损坏，天窗玻璃、天窗导轨一般在车辆发生碰撞后才有可能发生损坏，驱动电动机、控制装置可能发生机械故障损坏，这些零件损坏时一般采取更换新件即可恢复原有功能。

③ 车门

车门是乘员上下的通道，其上还装有门锁、玻璃、玻璃升降器等附属设施，车门框架是车门的主要钢架，铰链、玻璃、把手等部件安装在门框架上。车门外板是车门框架上的外面板，它可以用钢、铝、纤维玻璃或塑料制成。车门玻璃沿车门框架上玻璃导轨上、下移动，导轨是用低摩擦材料嵌入、粘接形成的V形槽。

车门及附件主要包括车门板（车门外板和车门内板）、车门内饰板、车门密封条、车门铰链（一般包括车门上铰链、下铰链）、车门锁总成等零件，如图1-44所示。

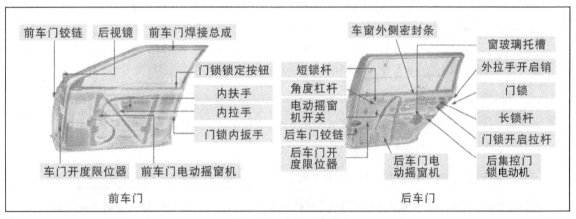

图1-44　车门示意图

车门总成的零件中，车门板（车门外板、车门内板）在损坏不严重的情况下一般采取钣金修复。其他零件（如门锁、拉手、玻璃升降器等）属于易损件，在损坏时只要更换新件即可。

（3）后车身

轿车后车身是用于放置物品的部分，可以说是中间车身侧体的延长部分。三厢式车的乘客室与行李厢是分开的，如图1-45（a）所示；而两厢车的行李厢则与乘客室合二为一，如图1-45（b）所示。

后车身的主要载荷来自于汽车后悬挂，尤其是对于后轮驱动的车辆，驱动力通过车桥、悬挂直接作用于后车身上。为确保后车身的强度，车身重量由中间车身径直向后延伸，到相当于后桥部位再形成拱形弯曲。这样既保证了后车身的刚度，又不至于使后桥与车身发生干

涉。而且，当车身后部受到追尾碰撞时，还能瞬时吸收部分冲击能量，以其变形来实现对乘客室的有效保护，如图1-46所示。

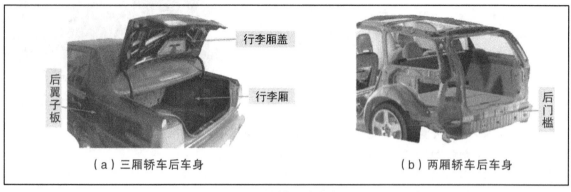

（a）三厢轿车后车身　　　　　　　　　（b）两厢轿车后车身

图1-45　轿车后车身类型

① 行李厢和行李厢盖

图1-46　后保险杠和后侧板位置

行李厢是装载物品的空间，由行李厢组件与车身地板钣金件构成。行李厢基本位于轿车车身的后部，因此又俗称为后备厢。行李厢盖位置如图1-45（a）所示。

轿车的行李厢盖主要由行李厢盖板、行李厢盖衬板、行李厢铰链、行李厢支撑、行李厢密封条、锁总成等零件组成，部分轿车的行李厢盖还带有扰流板、车型品牌标识等。

在行李厢盖的组成零件中，除了行李厢盖板损坏可以进行钣金修复外，其他零件损坏基本采取更换新件的方式。

② 后侧板

后侧板是指后门框以后的遮盖后车轮及后侧车身的车身钣金件，后侧板主要包括后侧板外板、后侧板内板、后立柱、侧板内饰板及轮罩板等零件。

③ 后保险杠

后保险杠位于车辆车身的尾部，起到装饰、防护车辆后部零件的作用，如图1-47所示。

后保险杠主要包括保险杠外皮、保险杠杠体、保险杠加强件、保险杠固定支架以及保险杠装饰条，典型后保险杠如图1-47所示。部分中高级轿车的后保险杠中还备有后保险杠缓冲器，可以有效保护车辆的后部车身在中级以下碰撞时不发生变形。

在轿车后保险杠的组成零件中，除了保险杠外皮损坏时一般采取更换新件的方式外，其他钣金件都可先考虑钣金修复，除非损坏较为严重时才进行更换新件。

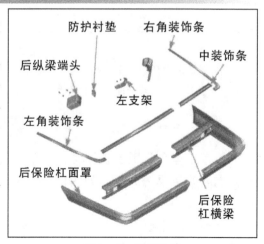

图1-47　后保险杠

2．客车车身结构

客车车身具有规则的厢式形状，故多数有完整的骨架。在客车发展初期，其车身通常由专业化车身厂生产，然后安装在现成的货车底盘车架上，故一般采用非承载式结构。这种结构的优点是便于在同一底盘上安装不同的车身。由于未能充分利用车身构架的承载作用，汽车质量过大就成为了这种结构的显著缺点。

图1-48是半承载式客车车身结构示意图，通常在客车专用底盘（其车架由两根前后直通的纵梁与若干横梁等组成）上将车架用若干悬臂梁加宽并与车身侧壁刚性连接，使车身骨架也分担车架的一部分载荷，许多国产大、中型客车车身均采用这种结构形式。

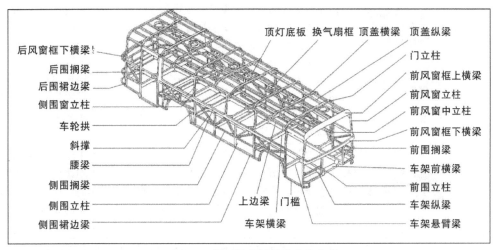

图1-48　典型的半承载式客车车身

图1-49是承载式客车车身结构示意图，其底架是薄钢板冲压或用型钢焊制的纵横格栅，以取代笨重的车架。格栅是高度较大（约500mm）的桁架结构，因而车身两侧地板上只能布置座席，而座席下方高大的空间可用做行李厢，故适用于大型长途客车。整车承载式车身结构的特点是所有的车身壳体构件（包括蒙皮）都参与承载，互相牵连和协调，充分发挥材料的潜力，使车身质量最小而强度和刚度最大。

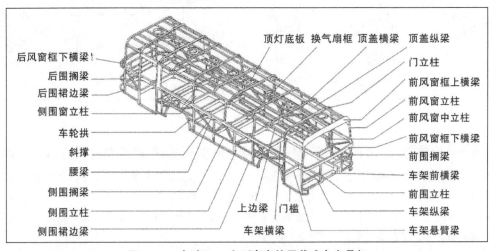

图1-49　奔驰0404大型客车的承载式车身骨架

3．货车车身结构

载货汽车车身主要由驾驶室和车箱两大部分组成。随着人们对安全性、使用性和舒适性的要求，载货汽车车身也一反传统模式而演变成多种类型，尤其是驾驶室的多样化显得更为突出。

载货汽车的分类方法主要依用途而定，载货汽车车身的结构也由此而定，见表1-2。

表1-2　货车车身的分类

类　型	图　示	说　明
普遍载货汽车		普通载货汽车多为平头式（厢式）驾驶室，驾驶室板布置在发动机和前轴的上方。这种布置方案的长度利用系数（汽车的有效长度与总长之比）高。相同的轴距可使用驾驶室最短，车箱的长度和容积也因此有条件增大
全挂牵引车		全挂牵引车专门或主要用于牵引全挂车，也可以像普通载货汽车那样用货箱载货，具有载货和牵引全挂车双重功能。全挂牵引车的设计牵引力大并具备自身载货能力；车架后端的牵引钩可与全挂车安全连接；以合理的轴载荷分配确保牵引力的输出
半挂牵引车		半挂牵引车专门用于牵引半挂车，由于牵引车与半挂车以鞍式连接，也称这种半挂牵引车为鞍式牵引车。半挂牵引车的轴距比普通载货汽车、全挂牵引车短，这样可以缩小转弯半径、提高牵引车的机动性能。半挂牵引车的轴间（相当于货厢位置）装有鞍式牵引座，这是用于连接半挂车的专门机构
专用载货汽车		专用载货汽车是指那些为运输货物而加装特殊车厢的汽车。例如厢式车、冷藏车、容罐车、自卸车以及混凝土运输车等。专用载货汽车多为带驾驶室的底盘总成改装而成，故主要区别在车厢而与驾驶室无关

载货汽车驾驶室可以分为（图1-50）几种形式，目前比较流行的是乘坐舒适性好的长头式驾驶室和长度利用系数高的平头驾驶室。

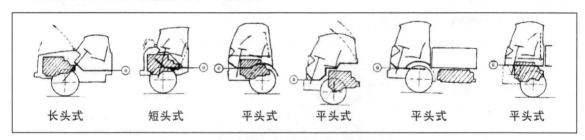

| 长头式 | 短头式 | 平头式 | 平头式 | 平头式 | 平头式 |

图1-50　载货驾驶室的类型

① 平头式载货汽车驾驶室

平头式驾驶室置于前轴位置之上，发动机室移向后部，其外形如图1-51所示。其中，驾驶室前部板件、车顶和侧体呈刚性连接，并以强度可靠的风窗立柱、门柱为基础，连接方式则因车型而异。

为提高翻转式驾驶室前部的整体性，仪表板支架将左右立柱连为一体。前蒙皮采用铆接或焊接方式，将前部构件包容起来，形成了合理的车身外形（图1-52）。

图1-51　平头式驾驶室外形

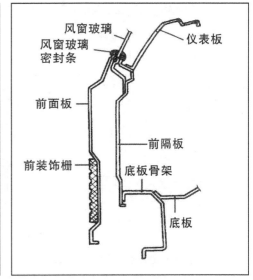

图1-52　前蒙皮

　　驾驶室的安装机构分为前后两部分，前部支撑用一根管梁和两个装有减振橡胶套的支撑架组成（图1-53）。后部支撑结构由两个支架和装有橡胶减振垫板的支撑座组成。

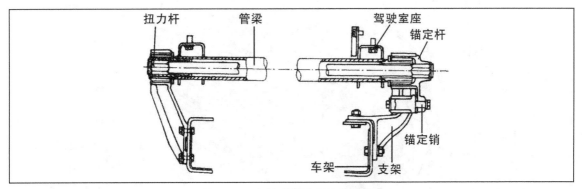

图1-53　翻转式驾驶室的前部支撑

　　起自动翻转作用的扭力杆，一端与连接驾驶室的管梁固定，另一端则与锚定杆固定并用锚定销锁紧于车架上的铰链支架孔中。当驾驶室处于正常位置时，扭力杆处于受扭载荷状态，即：能量储存于扭力杆中。当安全锁钩处于释放位置时，其扭转弹力反作用于驾驶室使其自动推向前倾位置。

　　驾驶室后部下方的拱形梁上（图1-54），装有用于扣紧驾驶室的爪形主挂钩，通过拉杆与释放操作手柄相连。

　　驾驶室外侧还备有安全钩，搬动手柄可使安全钩进一步下拉，驾驶室随即达到安装位置。安全钩与主挂钩的锁定机构无关联，须独立扳动手柄使之脱解。

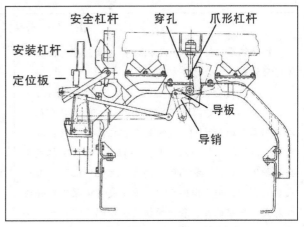

图1-54　翻转式驾驶室的后安装机构

② 长头式载货汽车驾驶室

长头式载货汽车驾驶室可分为前后两部分：车前钣金件（俗称车头）和驾驶室主体。车头部分分为蝶型、鳄口型和车头翻转型3种（图1-55）。

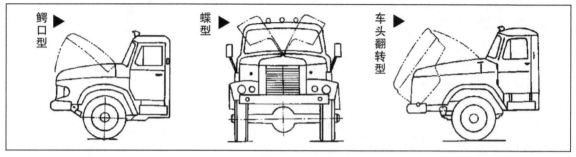

图1-55 长头式驾驶室的类型

3种车型的驾驶室主体区别不是很大（图1-56），差别突出反映在驾驶室前部的钣金件上。

鳄口型驾驶室：鄂口型驾驶室以六点弹性悬置固定在车架上，为了密封和消除各单元件装配后的摩擦声，装配零件之间还装有各类橡胶密封件。

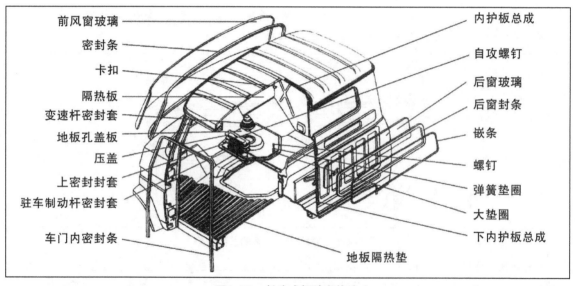

图1-56 长头式架驶室构造

发动机罩铰链多采用平衡弹簧支撑，可以使其开闭时轻便自如、锁止可靠。

车头翻转型驾驶室：主体为半滑架全金属封闭式，门框、门槛、底板及前后围板等主要承载部位，均采用箱型断面结构。车前钣金件主要由发动机罩、管梁、挡泥板等构件组成（图1-57）。与可翻转式平头驾驶室一样，这种驾驶室的车头上也装配了扭力杆式助力翻转机构（图1-58）。车头支撑管梁固定并通过悬置与车架连接，管内的扭力轩左端用花键与轴套总成装配在一起，右端刚通过花键与管梁固定。

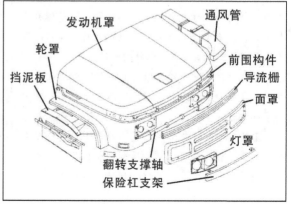

图1-57 车头翻转型驾驶室的车前钣金件

将车头拉下使之处于安装位置时，扭力杆轴套及联动杆的把持作用使管梁转动一定角度受扭并贮存了能量。当车头锁被打开时能量释放，实现车头自动翻转（图1-59）。

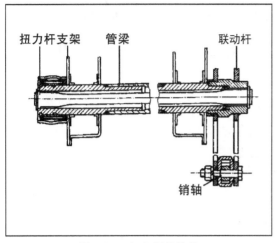

图1-58 扭力杆的结构

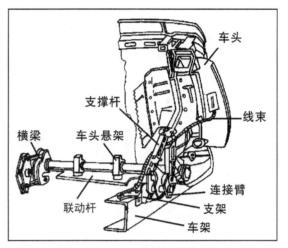

图1-59 车头的翻转

三、任务实施

1. 车身构件更换步骤

修复因碰撞而损坏的车辆可以用到不同的方法，而且修理步骤会因车身的类别以及损坏的性质和位置的不同而不同。

① 承载式车身的轿车车身拆解工艺

这种形式的车身可以逐件拆卸。先拆下车前钣金件，如保险杠、前装饰罩等；再拆下车后钣金件，如后保险杠等。按次序再拆下前机器盖、后行李厢左右翼子板、前后车门、门柱等；全部拆下后，只剩下非承载式车身底座即车架。

② 非承载式车身的轿车车身拆解工艺

这种形式的车身是焊起来的车身壳体，一般采用气割的办法。但保险杠、车门、前机器盖、后行李厢及翼子板仍可以拆卸。

③ 货车车身的拆解工艺

可依次取下收音机，拆掉仪表盘、遮阳板、刮水器挡板、挡风玻璃刮水器、棚顶灯、室内衬纸、前后挡风玻璃、小通风窗等。如驾驶室损伤严重，则可进行局部或整体解体。

④ 大客车拆解工艺

大客车车身多为厢式整体型，外表用金属板（早期也有用玻璃钢的）铆接在车身骨架上。车厢内用装饰板封闭。在拆解时，首先拆下前后保险杠，大客车车门多为单向折叠或双向折叠，其结构比较简单，摘下门销即可拆下车门。然后再拆下车内座椅、车身内外装饰板及金属板、车窗玻璃等。其结构也有非承载式车身骨架、底架承载式车身之分。

⑤ 汽车车身构件更换步骤

修复因碰撞而损坏的车辆可以用到不同的方法，而且修理步骤会因损坏的性质和位置的不同而不同。汽车车身构件更换步骤如图1-60所示。

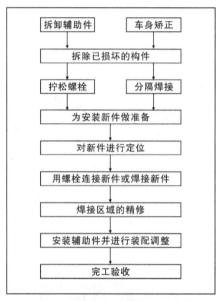

图1-60　汽车车身构件更换步骤

2. 车身构件拆解、分割的原则和方法

选择进行拆解的部位主要是对于用组焊装配的车身来说，各构件之间就没有明显的界限，而且构件之间的连接方式多种多样，这就必然给构件的拆解造成一定的困难。因此，切割、更换车身构件时，一定要按照所修车辆的维修手册中推荐的方案选定切割位置，或在了解车身构造的前提下，按以下原则选择切割的位置。

① 避重就轻

避开构件的强度支撑点选择不起重要支撑作用的位置进行切割。

② 易于修整

不影响效果的情况下，尽量按修整工作量的大小选择切口，就可以简化构件更换后的作业。

③ 便于施工

选位应兼顾到切换作业的难易程度。

④ 避免应力集中

切口的选位应避开车身构件的应力集中区，否则将影响构件的连接强度并诱发应力集中损伤。

3. 发动机罩的拆卸更换和调整

在拆卸发动机罩之前，应首先分析每个部件的工作环境。打开和关闭发动机罩，检查铰链，如果条件允许，检查发动机和翼子板及前罩板的对正位置，这有助于确定修理时必须做哪些工作。

（1）调整

① 注意事项

对中螺栓用来安装发动机盖铰链和发动机盖锁扣。装有对中螺栓时不能够调整发动机盖和发动机盖锁扣。进行调整时，用标准螺栓（带垫圈）来替代对中螺栓（图1-61）。

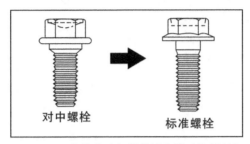

图1-61 安装发动机盖铰链和发动机盖锁扣

② 调整发动机盖分总成

● 拆卸前保险杠总成及调整发动机盖

拧松发动机盖的4个铰链螺栓（其中两个螺栓如图1-62所示）。

通过移动发动机盖来调整发动机盖和前翼子板之前的间隙。

调整后，拧紧4个铰链螺栓。

● 用橡胶缓冲垫调整发动机盖前端的高度

调整橡胶缓冲垫，以使发动机盖和翼子板的高度齐平。

建议：转动橡胶缓冲垫来升高或降低发动机盖前端（图1-63）。

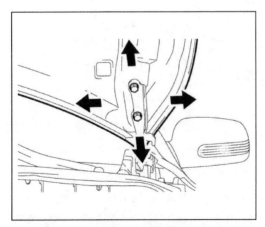

图1-62 拧松发动机盖的铰链螺栓

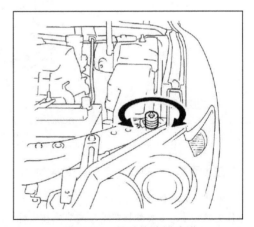

图1-63 转动橡胶缓冲垫

● 调整发动机盖锁扣

松开3个螺栓；调整后，拧紧螺栓，如图1-64所示。

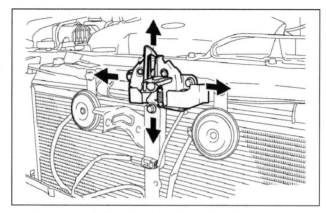

图1-64　调整发动机盖锁扣

检查撞销是否能和发动机盖锁很好地接合。

（2）发动机盖支撑杆

① 组件图

组件图如图1-65所示。

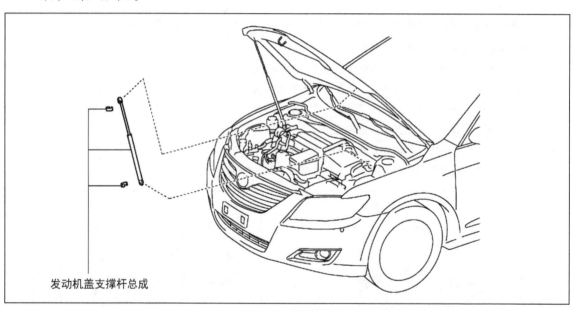

发动机盖支撑杆总成

图1-65　组件图

② 注意事项

尽量避免碰到支撑杆的行程部分，以防止杂质粘附在行程部分。维修时一定要将汽缸固定住。

操作支撑杆时，不要戴棉布手套或其他相似材料的物品。纤维材料物品可能会接触支撑杆，导致漏气。

不要在水平方向向汽缸施加任何负荷，以防止支撑杆变形。

③ 拆卸发动机盖支撑杆总成

用螺丝刀脱开两个卡扣并拆下发动机盖支撑杆总成（图1-66）。注意用手支撑发动机盖的同时，拆下发动机盖支撑杆总成。

④ 放置发动机盖支撑杆总成

在活塞杆拉出的情况下用台钳水平固定发动机盖支撑杆。

佩戴防护眼镜。如图1-67所示，使用金属锯慢慢切割出一个处于A和B之间的凹槽，以释放气体。

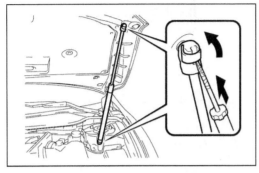

图1-66　拆下发动机盖支撑杆总成

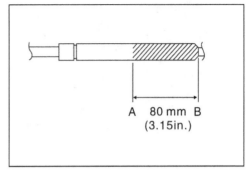

A　80 mm　B
(3.15in.)

图1-67　放置发动机盖支撑杆总成

（3）发动机盖锁控制拉索总成

① 组件图

组件图如图1-68、图1-69所示。

② 拆卸

- 拆卸前轮以及拆卸前轮框加长板，拆卸前保险杠总成，拆卸前翼子板衬里，拆卸高音喇叭总成。
- 拆卸发动机盖锁扣总成。
- 断开连接器，拆卸3个螺栓；断开发动机盖锁控制拉索；拆下发动机盖锁扣总成。
- 拆卸发动机盖锁控制杆分总成。
- 断开发动机盖锁控制拉索并拆卸发动机盖锁控制杆。
- 拆卸发动机盖锁控制拉索总成。
- 如图1-70所示，用螺丝刀断开卡夹。

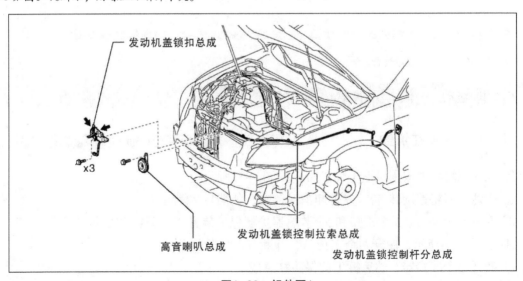

图1-68　组件图1

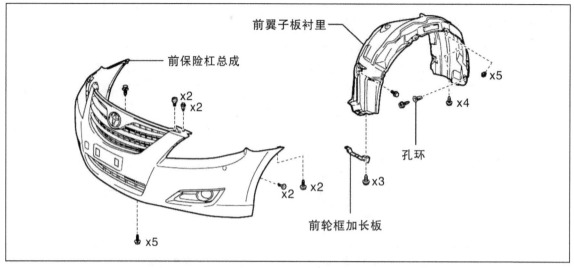

图1-69 组件图2

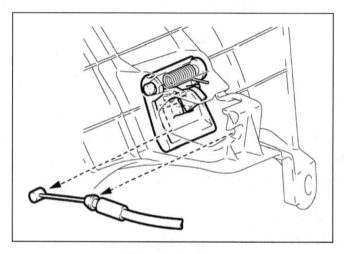

图1-70 拆卸发动机盖锁控制拉索总成

③ 安装

可参照与拆卸相反的顺序进行。

4. 保险杠、车顶流水槽侧装饰嵌条

（1）前保险杠拆卸

① 在前保险杠总成周围贴上保护带，如图1-71所示。

② 用螺丝刀将销旋转90°并拆卸销保持夹，如图1-72所示。

③ 拆下8个螺钉、3个卡扣和2个散热器护栅保护装置，如图1-73所示。

④ 如图1-74所示，脱开两个定位爪，并断开前保险杠总成。

⑤ 断开每个连接器，然后拆下前保险杠总成。

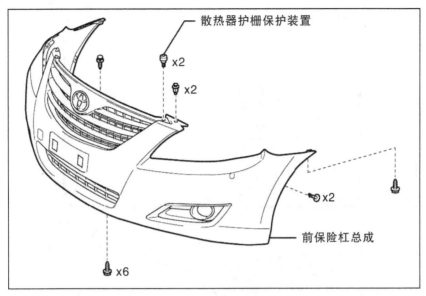

散热器护栅保护装置

×2

×2

×2

前保险杠总成

×6

图1-71　贴保护带

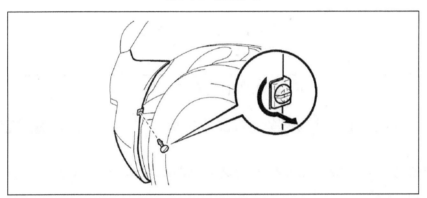

图1-72　前保险杠总成

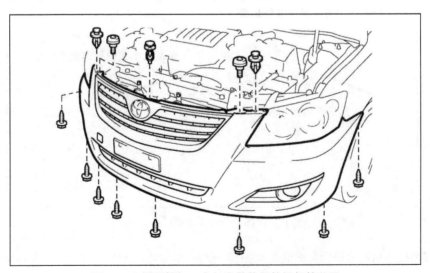

图1-73　拆下螺钉、卡扣和散热器护栅保护装置

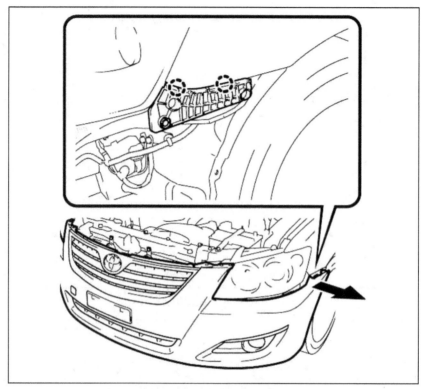

图1-74　脱开定位爪并断开前保险杠总成

（2）车顶流水槽侧装饰嵌条的拆卸与安装

① 组件图

组件图如图1-75所示。

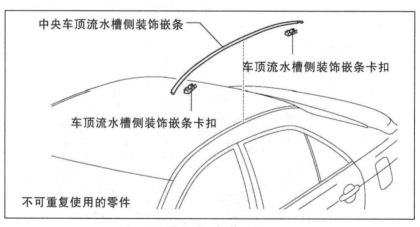

中央车顶流水槽侧装饰嵌条

车顶流水槽侧装饰嵌条卡扣

车顶流水槽侧装饰嵌条卡扣

不可重复使用的零件

图1-75　组件图

② 拆卸中央车顶流水槽侧装饰嵌条

拆卸中央车顶流水槽侧装饰嵌条时，最好用加热灯加热车身和中央车顶流水槽侧装饰嵌条。一般车身加热温度为40～60℃，嵌条加热温度为20～30℃。

在中央车顶流水槽侧装饰嵌条周围贴上保护带，用嵌条拆卸工具脱开两个卡扣并拆卸中央车顶流水槽侧装饰嵌条。如果卡扣损坏或脱落，换用新卡扣，如图1-76所示。

如果更换车顶流水槽侧装饰嵌条卡扣，则拆下两个车顶流水槽侧装饰嵌条卡扣。

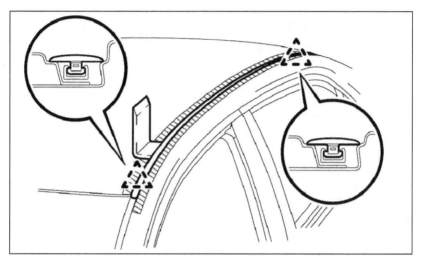

图1-76　拆卸中央车顶流水槽侧装饰嵌条

（3）安装

如果安装新卡扣，则去掉车上即将安装卡扣的位置上所留下的双面胶带，并用溶解性溶剂清洁车身。向新的车顶流水槽侧装饰嵌条卡扣挤出2～3mm，如图1-77所示。

如图1-78所示，将车顶流水槽侧装饰嵌条卡扣装到天窗板位置。擦净黏合剂（3M DP-105或等同物）后，确定位置，稳固地按住并安装车顶流水槽侧装饰嵌条卡扣。按住并安装车顶流水槽侧装饰嵌条卡扣之后20min或更长时间，安装中央车顶流水槽侧装饰嵌条。

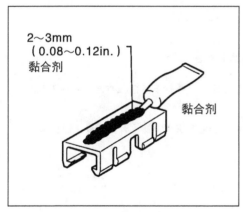

图1-77　安装新卡扣

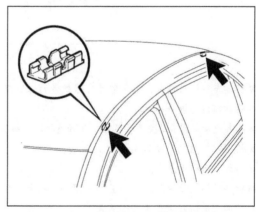

图1-78　安装中央车顶流水槽侧装饰嵌条

5. 汽车车门、玻璃和行李箱盖的拆装和调整

（1）车门拆装和调整（以凯美瑞前门为例）

●拆卸前门下车架支架饰件，脱开两个卡扣并拆下前门下车架支架饰件（图1-79）。

●拆卸前门内把手饰环塞，用顶部缠有保护带的螺丝刀，脱开 3 个定位爪，并拆下前门内把手饰环塞（图1-80）。

●拆卸辅助把手盖，用顶部缠有保护带的螺丝刀，脱开 6 个定位爪，并拆下辅助把手盖（图1-81）。

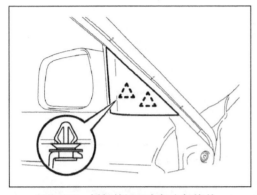

图1-79　拆卸前门下车架支架饰件

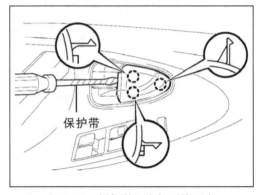

图1-80　拆卸前门内把手饰环塞

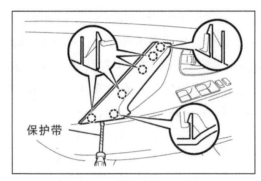

图1-81　拆卸辅助把手盖

●拆卸车门控灯总成，用顶部缠有保护带的螺丝刀，脱开定位爪，并拆下车门控灯总成，断开连接器。

●拆卸前门饰板分总成。

●拆卸电动窗调节器主开关总成，断开连接器，拆下 3 个螺钉和电动窗调节器主开关总成（图1-82）。

●拆卸前门内把手分总成。

●拆卸外后视镜总成。

●拆卸前门玻璃分总成，如图1-83所示，拆卸玻璃总成，不要破坏玻璃。

●拆卸前电动窗调节器马达总成。

●拆卸前门外把手总成。

●拆卸前门锁总成（图1-84）。

●拆卸前门开度限制器总成等相关附件（图1-85）。

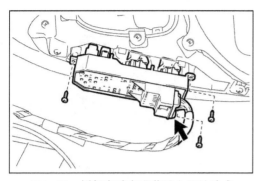

图1-82　拆卸电动窗调节器主开关总成

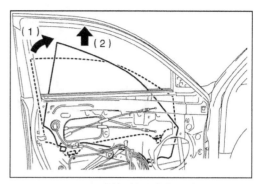

图1-83　拆卸前门玻璃分总成

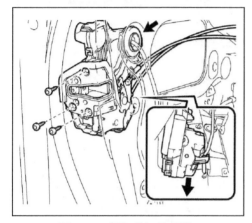

图1-84　拆卸前门锁总成

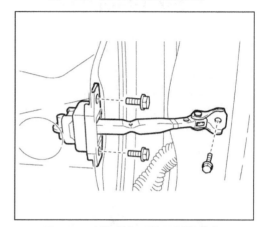

图1-85　拆卸前门开度限制器总成

（2）调整

① 注意事项

在为配有侧面空气囊和窗帘式头部空气囊的车辆调整车门位置之前，要确保断开蓄电池。调整后，检查SRS警告灯、侧面空气囊系统和窗帘式头部空气囊系统是否操作正常。然后初始化两个空气囊系统。

对中螺栓用来将车门铰链装到车身和车门上。装有对中螺栓时，不能调整车门。进行调整时，用标准螺栓（带垫圈）来替代对中螺栓。

② 断开蓄电池负极端子

注意：

断开端子后请等待90s，以防止空气囊引爆。

③ 调整

用专用工具拧松车身铰链螺栓并调整车门位置。调整后，拧紧车身上的铰链螺栓（图1-86）。然后，拧松车门铰链螺栓并调整车门位置。调整后，拧紧车门上的铰链螺栓（图1-87）。最后，用"梅花"套筒扳手（T40）通过稍微拧松撞销安装螺钉来调整撞销的位置，并用塑料锤敲击撞销（图1-88）。

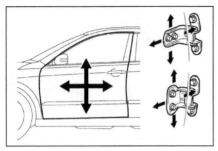

图1-86 调整车门位置

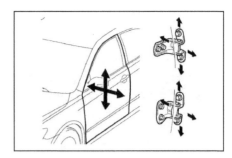

图1-87 拧紧车门上的铰链螺栓

（3）行李箱盖拆装和调整

① 拆卸

- 拆卸行李厢门盖。
- 拆卸行李厢门锁总成（图1-89）。
- 拆卸行李厢门锁钥匙筒总成。
- 拆卸行李厢门外侧饰件分总成。
- 拆卸尾灯总成。
- 拆卸牌照灯总成。

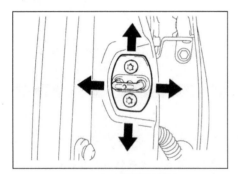

图1-88 调整撞销的位置

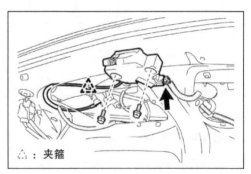

△ ：夹箍

图1-89 拆卸行李厢门锁总成

② 调整行李厢门

- 通过拧松门侧铰链螺栓来水平和垂直调整车门（图1-90）。
- 通过稍微拧松撞销安装螺钉并用塑料锤子敲击撞销来调整撞销的位置。调整后，拧紧撞销安装螺钉（图1-91）。

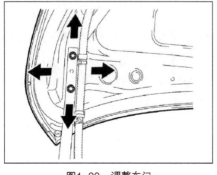

图1-90 调整车门

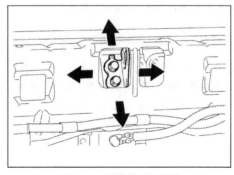

图1-91 调整撞销的位置

项目二　汽车材料及性能

任务一　金属材料的性能

一、任务分析

金属材料的性能主要指材料的使用性能和工艺性能。使用性能是金属在使用时表现出的性能，它包括力学性能、物理性能和化学性能。工艺性能是指金属材料在各种冷、热加工中所表现出的性能。金属材料在外力作用下所表现出来的特性称为金属的力学性能。例如抵抗变形和断裂的能力等。

在机械制造中，金属材料最常见的也是最重要的使用性能是力学性能，又称机械性能，它是产品设计和选择材料的主要依据。

二、相关知识

1. 金属材料的机械性能

金属材料的机械性能是零件设计和选材时的主要依据。外加载荷性质不同（例如拉伸、压缩、扭转、冲击、循环载荷等），对金属材料要求的机械性能也将不同。常用的机械性能包括强度、塑性、硬度、冲击韧性、多次冲击抗力和疲劳极限等。

（1）强度

强度是指金属材料在静荷作用下抵抗破坏（过量塑性变形或断裂）的性能。由于载荷的作用方式有拉伸、压缩、弯曲、剪切等形式，所以强度也分为抗拉强度、抗压强度、抗弯强度、抗剪强度等。各种强度间常有一定的联系，使用中一般较多以抗拉强度作为最基本的强度指标。

① 拉伸试样

其如图2-1所示。

② 拉伸曲线

如图2-2所示，是低碳钢的力-伸长曲线，图中纵坐标表示力拉伸力F，单位为N；横坐标表示绝对伸长量ΔL，单位为mm。

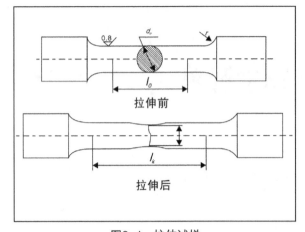

图2-1 拉伸试样

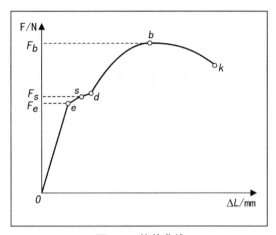

图2-2 拉伸曲线

③ 强度指标

试样受到外力作用时，在其内部产生大小与外力相等而方向相反的相互作用力，称为内力。单位截面积上的内力称为应力，拉伸时的应力用符号σ表示。

● 弹性极限

$$\sigma = \frac{F}{A_0}\text{MPa}$$

● 屈服点

$$\sigma_e = \frac{F_e}{A_0}\text{MPa}$$

● 抗拉强度

$$\sigma_s = \frac{F_s}{S_0}\text{MPa}$$

抗拉强度是指试样断裂前能够承受的最大拉应力，用σ_b表示。

$$\sigma_b = \frac{F_b}{A_0}\text{MPa}$$

（2）塑性

塑性是指金属材料在载荷作用下，产生塑性变形（永久变形）而不破坏的能力。

① 断后伸长率

断后伸长率是指试样拉伸断裂时的绝对伸长量与原始长度的百分比，用符号δ表示。

断后伸长率大小与试样尺寸有关。长试样的断后伸长率用δ_{10}或δ表示，短试样的断后伸长率用δ_5表示，同一材料的$\delta_{10} < \delta_5$，但二者不能直接比较大小。

$$\delta = \frac{l_\delta - l_0}{l_0} \times 100\%$$

② 断面收缩率

断面收缩率是指试样拉断后，缩颈处（断口处）横断面积的最大缩减量与原始横截面积的百分比，用符号 Ψ 表示，即

$$\Psi = \frac{A_0 - A_c}{A_0} \times 100\%$$

δ 和 Ψ 是金属材料塑性的重要性能指标。它们的数值越大，材料的塑性越好。如果材料具有良好的塑性，则可避免材料在压力加工过程中发生开裂而破坏；而普通铸铁的塑性差，因而不能进行压力加工，只能进行铸造。同时，由于材料具有一定的塑性，故能保证材料不致因稍有超载而突然断裂，增加了材料使用的安全可靠性。

（3）硬度

硬度是衡量金属材料软硬程度的指标。目前生产中测定硬度方法最常用的是压入硬度法，它是用一定几何形状的压头在一定载荷下压入被测试的金属材料表面，根据被压入程度来测定其硬度值。

常用的方法有布氏硬度（HB）、洛氏硬度（HRA、HRB、HRC）和维氏硬度（HV）等方法。

（4）疲劳极限

前面所提及的强度、塑性、硬度都是金属在静载荷作用下的机械性能指标。实际上，许多机器零件都是在循环载荷下工作的，在这种条件下零件会产生疲劳。

（5）冲击韧性

以很大速度作用于机件上的载荷称为冲击载荷，金属在冲击载荷作用下抵抗破坏的能力叫做冲击韧性。

2. 金属材料的冷塑性变形规律及实质

金属材料的冷塑性变形主要是在金属和合金在低于结晶温度下进行压力加工。其加工方法是常温下进行的冷轧、冷拔、冷挤、冷冲等，使金属材料的组织和性能发生变化。

塑性变形的实质就是位错运动，位错运动的结果就是产生了塑性变形。

（1）单晶体塑料变形规律

随着变形量增加，位错密度增加，引起加工硬化。退火状态的金属，典型的位错密度值是 $10^5 \sim 10^8 \mathrm{cm}^{-2}$，而大变形后金属材料的典型数值是 $10^{10} \sim 10^{12} \mathrm{cm}^{-2}$。通过实验得到的位错密度（$\rho$）同流变应力（$\alpha$）之间的关系是

$$\sigma = \alpha G b \rho^{1/2}$$

式中，α——等于 0.2～0.3 范围的常数；

$\quad\quad G$——剪切弹性模量；

$\quad\quad b$——柏氏矢量。

（2）形成了位错胞状结构

① 变形实质

多晶体塑性变形就是各个晶粒取向不同，变形既相互阻碍又相互促进，变形量稍大就形成了位错胞状结构，如图2-3所示。

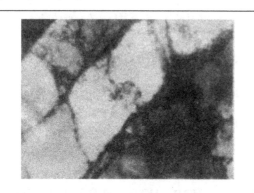

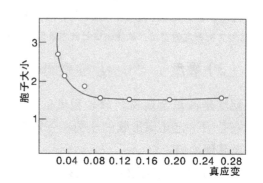

（a）室温下变形时铁的胞状结构　　　（b）稳态变形时铁的胞子
　　　　　　　　　　　　　　　　　　　　大小同变形量的关系

图2-3　冷塑性变形规律

② 胞状结构形成的影响因素

● 层错能高的金属其螺位错易于交滑移，错位密度低，偏于排成胞壁结构。

● 空位增多，可能使位错源增多，位错密度增大，位错运动受到阻碍不易排列成胞壁，形成胞状结构所需要的变形量就要增大。

● 第二相质点间距大的粗质点，促进胞状结构形成细小的第二相，妨碍胞状结构的形成。

● 变形温度对胞状结构形成有很大影响，变形温度降低，位错密度增大，胞内位错的数目增多，形成胞状结构的倾向降低。

● 应变速率增加，位错密度增大，胞内位错的数目增多，形成胞状结构的倾向降低。

（3）位错密度

同种材料细晶变形后的位错密度比粗晶粒的大。

（4）自由能高

金属塑性变形时所消耗的能量，大部分转化为热能而散发掉了，但依然有一小部分以点阵缺陷的弹性畸变能的形式储存在变形后的金属中，冷塑性变形后自由能高。

（5）晶粒外形、夹杂物和第二相的分布

① 拉伸时各晶粒顺着拉伸方向伸长；压缩时，晶粒被压成扁平状。伸长与压缩的程度与变形量有关。变形量特别大时，晶粒组织呈纤维状。

② 第二相或者有夹杂物偏聚时，变形后会引起这些偏聚区域的伸长而形成带状组织，如轴承钢中的夹杂物带状和碳化物带状那样。

③ 由晶粒伸长而形成的纤维组织可用退火消除，但夹杂物或碳化物集聚区因变形伸长而成的带状组织，虽经过高温退火也常常不能完全消除。

（6）性能上具有方向性

冷变形后出现的带状组织和纤维组织使金属和合金在性能上具有方向性。

（7）形成形变结构

产生择优取向的多晶体组织，即形成形变结构。

3．金属材料的工艺性能

（1）冲压性能

金属在冷或热的状态时，在压力作用下，进行塑性变形的能力，叫做冲压性能，即金属进行热锻、冷冲压、冷镦、冷挤压等的能力。如汽车车身、搪瓷制品的胎料及许多日用品都是用冲压方法制成的。用于冲压的金属材料必须有良好的冲压性能或延展性能。

金属材料的冲压性能，常用金属的塑性和变形抗力来综合衡量，塑性越大则变形抗力越小，其压力加工性能越好。

（2）焊接性能

焊接性能是指金属材料对焊接加工的适应性。金属材料的焊接性能好，则说明该金属材料易于用一般焊接方法与工艺施焊，而且焊接时不易形成裂纹、气孔、夹渣等缺陷，其接头强度可与母材相近。焊接性能差的材料必须用特定的方法与工艺进行焊接。

金属焊接性能涉及的内容很广，包括焊接性、熔接合金成分的改变、吸气性及氧化性、内应力及冷热裂倾向、热影响区的组织改变及晶粒长大趋势等。对于不同材料、不同工作条件下的焊件，焊接性能的主要内容是不同的。

例如：

普通合金结构钢，对于淬硬和冷裂纹是比较敏感的，焊接性能的主要内容便是如何解决其淬硬和冷裂问题。

焊接奥氏体不锈钢时，晶间腐蚀和热裂纹是主要矛盾，因此，该问题成为焊接性能的主要内容。

（3）切削加工性能

切削加工性能是指金属材料被切削加工的难易程度。金属材料的切削加工性，不仅与材料本身的化学成分、内部组织有关，还与刀具的几何参数等因素有关。通常，可根据材料的硬度和韧性对材料的切削加工性做大致的判断。工件硬度过高，刀具易磨损，切削加工困难；硬度过低，容易粘刀，且不易断屑，加工后表面粗糙。所以硬度过高或过低、韧性过大的材料，其切削性能较差。而切削加工性能好的材料，对刀具磨损小，切屑量大，切屑易于折断脱落，加工表面粗糙度和精度也高。

三、任务实施

1. 简述金属材料的种类与性能

（1）金属材料的种类

金属材料通常分为黑色金属、有色金属和特种金属材料。

① 黑色金属

其又称钢铁材料，包括含铁90%以上的工业纯铁，含碳2%~4%的铸铁，含碳小于2%的碳钢，以及各种用途的结构钢、不锈钢、耐热钢、高温合金、精密合金等。广义的黑色金属还包括铬、锰及其合金。

② 有色金属

其是指除铁、铬、锰以外的所有金属及其合金，通常分为轻金属、重金属、贵金属、半金属、稀有金属和稀土金属等。有色合金的强度和硬度一般比纯金属高，并且电阻大、电阻温度系数小。

③ 特种金属材料

其包括不同用途的结构金属材料和功能金属材料。

（2）金属材料性能

金属对各种加工工艺方法所表现出来的适应性称为工艺性能，主要有以下四个方面。

① 切削加工性能

其反映用切削工具（例如车削、铣削、刨削、磨削等）对金属材料进行切削加工的难易程度。

② 可锻性

其反映金属材料在压力加工过程中成形的难易程度，例如将材料加热到一定温度时其塑性的高低（表现为塑性变形抗力的大小），允许热压力加工的温度范围大小，热胀冷缩特性以及与显微组织、机械性能有关的临界变形的界限，热变形时金属的流动性、导热性能等。

③ 可铸性

其反映金属材料熔化浇铸成为铸件的难易程度，表现为熔化状态时的流动性、吸气性、氧化性、熔点，铸件显微组织的均匀性、致密性，以及冷缩率等。

④ 可焊性

其反映金属材料在局部快速加热，使结合部位迅速熔化或半熔化（需要加压），从而使结合部位牢固地结合在一起而成为整体的难易程度，表现为熔点、熔化时的吸气性、氧化性、导热性、热胀冷缩特性、塑性以及与接缝部位和附近用材显微组织的相关性、对机械性能的影响等。

2.　分析鉴别车身不同部位材料的类型

在车身修复时要选择合适的钣金维修方式，且必须了解车身制造材料，因为汽车车身制造材料的差异会导致维修方式发生变化。比如，传统的非承载式车身主要由低碳钢和中碳钢制成，在进行焊接和切割时，应使用气动锯，如果使用传统的氧-乙炔切割则会对车身造成较大的破坏。现代承载式车身结构通常用高强度钢板和合金材料制成，在结构件修理过程中必须使用二氧化碳气体保护焊、惰性气体保护焊或点焊进行焊接。另外，钢板厚度的变化以及车身材料合金成分的不同，在焊接方式和相关技术参数的选取上也会有所不同，这就需要熟悉车身金属材料以便合理修理。

任务二 车身金属材料

一、任务分析

车身金属材料的种类和性能将会影响到车身修理的方法，所以汽车钣金修理人员掌握金属加工技术非常必要。近年来常采用填充剂给受损部位涂敷的方式校正车上的凹陷和凸起处。但是钣金修理工能够正确校正受损的金属，就会用很少的时间和塑料填充剂进行加工整形。另外，受损坏的金属板如果校正不正确，将会产生应力，造成塑料填充剂开裂甚至丧失与金属板结合力而脱落，而且应力还会造成汽车在使用过程中板件间结合缝隙变化，产生异响、噪声、密封不严导致车身金属材料生锈等不良后果。

二、相关知识

1. 汽车车身金属材料的种类和性能

（1）汽车上使用的钢板（热扎钢板、冷轧钢板）

汽车上使用的钢板有两种类型：热扎钢板和冷轧钢板。

热扎钢板是在800℃以上的高温下轧制的，它的厚度一般为1.6～8mm，用于制造汽车上比较厚的零部件，例如车身和横梁。

冷轧钢板是由热扎钢板经过酸洗后冷轧变薄，它的厚度一般为0.4～1.4mm，并经过退火处理。由于冷轧钢板是在较低的温度下轧制的，它的厚度精确度高，表面质量好，并且具有良好的可压缩性。大多数整体式车身都采用冷轧钢板制成，在悬架周围特别容易受到腐蚀的地方，采用经过表面处理的冷轧钢板作为防锈钢板。

（2）高强度钢

高强度钢泛指强度高于低碳钢的各种类型的钢材，而低碳钢在大多数汽车结构上已经使用了多年。

由于高强度钢的抗拉强度区好且屈服点低，不仅抗冲击能力大大加强（其破坏强度为低碳钢板的2～3倍），而且对冲撞能量的吸收性好，具有容易冲压成形的高拉伸性能和良好的焊接工艺性，突出的冷加工硬化特性等。这些性能使高强度钢在车身中的应用显示出了无比的优越性。

高强度钢板的类型。一般情况下，高强度钢板有针对性地使用于车身上相应的部位。高强度钢板的种类较多，根据强化的过程，高强度钢可分为下面三种。

① 高强度、低合金钢（HSLA）

此种钢又称回磷钢，通过在低碳钢中加入磷来提高钢的强度，具有和低碳钢相类似的加工特性，为汽车的外部面板和车身提供了更高的抗拉强度。

高强度、低合金钢在美国生产的许多车上都有应用，可用来制造前后梁、车门槛板、保险杠、车门立柱等。它的强度主要取决于添加的化学元素。

对各种高强度、低合金钢板加热而释放应力时，必须特别小心。将钢材加热到650℃以上几分钟以后，专门加入的硬化元素将在受热部位被更大、更软的元素吸收，导致强度降低。为了避免汽车在受到正常的道路载荷或碰撞力作用时，结构性能发生明显降低，加热温度决不可超过制造厂的规定值。根据经验，加热温度不可超过370～480℃，加热时间不可超过3min。

② 高抗拉强度钢（HSS）

此种钢又称Si-Mn固溶体淬火钢。这种钢增加了硅、锰和碳的含量，使抗拉强度得到提高。过去，这种钢被用来制造与悬架装置有关的构件和车身等。沉淀淬硬钢是另一种高抗拉强度钢，它是通过形成碳氮化铌沉淀物来提高强度的，具有优异的加工和冲压性能。这种钢主要用于车门边护板、保险杠加强筋等。

高抗拉强度钢的强度高于低碳钢，因为它经过一定的热处理。大多数从日本进口的汽车上都装有高抗拉强度钢制成的车身构件。常规的加热和焊接方法不会降低这种钢的强度。这是因为它的屈服强度可达240 MPa、抗拉强度可超过310 MPa。在汽车受到碰撞而产生变形时，它的应力将增加，超过屈服强度。如果对受到碰撞的部位加热，促使它恢复原来的形状，可减小因碰撞而产生的应力，因此强度又恢复到了原来的水平。如果碰撞所产生的应力超过了材料的抗拉强度，钢材将会破裂。一般的焊接方法（包括氧乙炔焊）都可修理这类构件。然而，进行氧乙炔焊时，必须引起特别的注意。在用氧乙炔焊炬加热的部位周围必须使用温度显示的方法，将这些地方的温度限制在650℃以内。车门护梁和保险杠加强筋不适宜校正，而应更换（对于车门护梁的轻微损坏，只要它不影响门的对准或门的功能，可忽略不计。如果它已经凹陷或产生其他变形，应加以更换）。

所有新的或使用过的备件都应使用AWS—E-70S-6焊丝进行惰性气体保护焊接，这种焊丝具有和高抗拉强度钢相同的强度。高抗拉强度钢（HSS）和高强度、低合金钢（HSLA）适合采用惰性气体保护焊接，大多数汽车制造商都不赞成采用氧乙炔焊接法来焊接这两种钢材。

③ 超高强度钢（UHSS）

此种钢又称双相钢，是将钢材在一个连续的热处理传送带或带钢热轧机上淬火而得到的。这种钢具有两相显微组织（淬硬的马氏体结构和铁素体结构）。双相钢的可成形性好，其抗拉强度大于530 MPa。马氏体钢是最著名的超高强度钢。

超高强度钢内没有合金元素，它的抗拉强度几乎可达到普通低碳钢的10倍。汽车上所有的车门护梁和保险杠加强筋都是由各种马氏体钢，即超高强度钢制成的。

这些钢材的不同寻常的高强度来源于在成形和加工过程中产生的特殊晶粒。为修理而进行的重新加热将会破坏这种独特的结构，而使钢的强度降低到一般低碳钢的水平。此外，这些钢材非常坚硬，用一般修理厂的设备无法在常温下对它们进行校正。因此，受损坏的马氏体钢，即超高强度钢零部件不可修复，必须更换。安装新的零部件时，应采用惰性气体保护塞焊。

2. 高强度钢板材料在车身上的应用

高强度钢板的应用对于汽车轻量和提高撞击安全性是十分有效的，各汽车制造厂的高强度钢板使用比例正在不断提高。如日本新型轿车车身高强度钢板的使用率达到了

30%～50%，是旧车型的1.5～5倍。

（1）在车体框架上的应用

随着正面撞击、侧面撞击的撞击安全性标准的提高，结构件、加强件等主要使用590MPa级高强度钢板。也有厂家使用780MPa级别、980MPa级高强度钢板。有些厂家甚至将390MPa、440MPa级高强度钢板冲压成形后，对强化部分进行高频加热和淬火，以使部件整体抗拉强度达到1470MPa。此外，还有采用激光拼焊方法，将不同厚度、不同材质钢板拼合起来，使材料配制适用于所要求材质和使用部位。由于拼焊能使部件拼合，减少部件数量，取出点焊凸缘，这对汽车轻量化有着很大的作用。尽管拼焊材料在使用初期以提高材料利用率为目的，仅用于小型部件上，但最近已将拼焊材料扩大应用于车身侧板和车厢底板等大型部件。拼焊板主要采用400～590MPa级高强度钢板，也有使用780MPa和980MPa级高强度钢板的情况。

（2）在汽车底盘上的应用

悬挂梁用材已从传统的440MPa级热轧板发展到780MPa级，最大减重达30%。近年来，高强度钢板在底盘上的使用比例正在急剧增加。今后，高强度钢板的使用比例及更高强度钢板的应用有望进一步提高。

3．高强度钢修理时的注意事项

① 金属材料的加温特性。

② 车身修复中的注意事项。

③ 金属材料的热处理。

④ 高强度钢金属材料车身的修理。

4．特殊金属材料在车身上的应用

（1）特殊金属材料在车身上的应用

以前铝合金仅应用于汽车的发动机、轮毂等部位，但是现在一些新型的车身上开始应用铝合金。最初铝合金只用于车身的外部装饰件，现在车身的结构件也可以全部用铝合金来制造，例如别克GL8、标致307等发动机罩用铝合金制造，奥迪及宝马用铝合金来制造车身结构件和外部装饰件。

（2）铝合金

① 铝及铝合金的分类

铝及铝合金分为两大类，一类为变形铝合金，另一类为铸造铝合金。

● 变形铝合金强度较高、比强度大且适宜于塑性成形。变形铝合金又分为工业纯铝、热处理不可强化的铝合金及热处理可强化的铝合金。

● 铸造铝合金适于熔融状态下充填铸型获得一定形状和尺寸铸件毛坯。铸造铝合金分为铝硅系合金、铝铜合金、铝镁合金及铝锌系合金。

② 铝合金的性能

铝的熔点较低（约为660℃），加热后其机械性能变化极为明显，由于熔点低、硬度低的缘故，冲压加工过程中材料表面易出现拉伤，摩擦力较大时还会发生灼伤。

铝及铝合金焊接性、工艺性略差，用于中等载荷的零件须在气体保护状态下焊接，一般为CO_2气体保护接触电缝焊、点焊或电阻对焊。车身维修作业中需要手工焊接铝合金材料时，应按照特定的焊接工艺，由有经验的人员操作才能获得好的焊接效果。

③ 铝合金在车身中的应用

铝合金是车身上应用得最多的轻质金属材料。铝具有密度小、塑性好、不易生锈等优点，热传导性及导电性好且有可焊接性。但是，由于纯铝太软（抗拉强度约59MPa），故不能直接用来制造车身部件。为此，在纯铝中适当加入其他微量元素如铜、镁、锰、锌、铬和硅等形成铝合金材料，使抗拉强度、硬度和耐腐蚀能力都有很大提高，并且保持了可塑性好的优点（延伸率约为40%）。

④ 铝合金材料的车身构件的优点

● 铝合金结构件需要承受较大载荷时，仍采用焊接工艺往往难以保证其结合强度。用铆钉连接则可以有效地解决这类问题。在普通大气或水的环境下，铝合金几乎不会受到侵蚀。这种铝板不仅具有一定的耐腐蚀性，而且外观也好，无须外加装饰覆盖层就可以直接用于车身内、外装饰构件。

● 铝合金和压力加工铝合金经表面处理后，以各自独特的表面特征和机械性能，成为制造车身零件的优选材料。铝合金板有很好的压延性能，可以冲压成各种形状复杂的深拉延构件并具备一定的承载能力，主要用于制造保险杆、车身蒙皮、车轮挡泥罩和车门、底板、裙板的部分构件及保温车箱等，覆膜铝合金可以制造车身装饰镶条、脚踏板、拉手、行李架等。

三、任务实施

1. 车身金属材料的特点

（1）车身用钢板

车身用钢板有热轧钢板、冷轧钢板、镀覆钢板、不锈钢板和高强度钢板五大类。

① 热轧钢板

其是在加热状态下直接将板料轧至所需尺寸而形成的板料。

② 冷轧钢板

其是将坯料在热状态下轧至一定厚度，再在常温状态下轧至所需尺寸，薄钢板一般都是冷轧板。

③ 镀覆钢板

即经过表面处理的钢板，在钢板的表面施以锌、铝、锡等金属镀层处理的钢板，还有镀Zn-Cr、Zn-Mg、Zn-Al等合金的电镀钢板。

④ 不锈钢板

其是在碳钢中添加铬或铬和镍，经热轧和冷轧所制成的钣金材料，由于该材料耐蚀性极强，不生锈，表面光亮，故称不锈钢板。

⑤ 高强度钢板

其种类较多，主要种类有：加Si、Mn、P等固溶强化型，加Nb、Ti、V等的析出硬化型，复合组织型，双相型和回火、退火型等。高强度钢板的抗拉强度一般在600MPa以上，其破坏强度为低碳钢板的2～3倍，故称高强度钢板。

根据钢板的厚薄程度，钢板可分为薄板、中板和厚板三种。板厚小于3.2mm的称为薄板，板厚为3.2～5mm的称为中板，板厚为5mm以上的称为厚板。轿车车身使用钢板的厚度一般为0.6～2.0mm。

钢板在车身材料的使用中所占的比例很大。就轿车而言，20世纪80年代以前生产的轿车中，钢材占整个车身自重比例为60%～67%。近年来，随着轻金属材料和非金属材料的普遍采用，钢板所占车身总重的比例已下降到55%～60%。但高强度钢板的使用却由20世纪80年代的占车身总重的3%～5%，上升到90年代的10%以上。这是因为用高强度钢板代替普通钢板，可大大减轻汽车自重。对于客车、载货车这类重量较大的汽车，钢材所占的比例就更大。在未来的半个世纪中，钢板仍是汽车车身材料的主流。钢板材料的开发将向更高强度、更容易塑性加工的方向发展，以减轻车身重量，提高车身安全性。

（2）车身用轻金属材料

汽车车身使用的轻金属材料主要有铝板、铝合金、镁合金和钛合金等。镁合金和钛合金在20世纪90年代时在轿车上就已开始使用，但在车身上用量所占比例很小。铝及其合金在车身上的应用越来越多，特别是轿车，其所占汽车自重的比例也越来越高。20世纪80年代，铝及其合金在轿车车身上的使用比例（占车身自重的百分比）为3.6%～5%，90年代后使用比例上升到7.5%～10%。近年来铝及其合金在汽车车身上已应用越来越多，有很多汽车使用了铝制车身。

2. 车身金属材料不同的修复工艺

当汽车发生碰撞损坏后，对于车身金属板件必须采用全方位拉伸方法进行校正，尽量不采用加热的方式，避免金属内部金相结构发生改变，导致强度降低，使汽车再次碰撞时不能有效保护乘客。

车身金属材料的修复一般采用熔焊、压力焊和粘接等方式，而过去用焊条弧焊和氧乙炔气焊。焊条弧焊现仅用于车架式车身以及低碳钢车身修复；氧乙炔气焊、压力电阻焊和粘接只用在一些特殊的工艺中。在进行车身钣金焊接维修时，要采用不会降低车身原有强度和耐久性的最佳焊接方法，就要熟悉原车各部位的不同金属修复工艺。

[任务三　车身非金属材料]

🔵 一、任务分析

车身非金属材料是近年来汽车材料的发展趋势，它是实现汽车轻量化最有效的途径。汽车轻量化对节能增效做出了卓越贡献，因此各种新型轻量化材料的开发与应用已成为汽车材料的应用研究热点。

汽车上使用的非金属材料主要有橡胶、玻璃钢、塑料、无机非金属材料和复合材料。认识车身非金属材料的作用对钣金维修人员修复车身有决定性的作用。

🔵 二、相关知识

1. 车用塑料

车用塑料以质量轻、坚固和易着色等特点，在汽车材料中应用范围逐渐扩大，除了采用塑料钣金件外，大约每辆汽车还有几百个塑料零件。采用了塑料钣金件后，汽车的质量可以减少40%左右，大大降低了成本。汽车常用塑料的种类、特性及应用见表2-1。

表2-1　汽车常用塑料的种类、特性及应用

名　称		主 要 特 征	应 用 举 例
一般结构零件	酚醛塑料	有优良的耐热、耐磨、电绝缘、化学稳定性、尺寸稳定性和抗蠕变性，但较脆，抗冲击能力差	分电器盖、分火头、水泵密封垫片、制动摩擦片和离合器摩擦片等
	聚苯乙烯	有优良的耐蚀、电绝缘、着色及成形性，透光度较好。但耐热、抗冲击能力差	各种仪表外壳、汽车灯罩和电信零件等
	低压聚乙烯	强度较高，耐高温、耐磨、耐蚀及电绝缘性好	汽油箱、挡泥板、手柄、风窗嵌条、内锁按钮和轿车保险杠等
	ABS	有较高的抗冲击性能，良好的强度、耐磨性、化学稳定性和耐寒性，吸水性小	转向盘、仪表板总成、挡泥板、行李箱和小轿车车身等
	有机玻璃	具有高透明度，耐蚀、电绝缘性能好，有一定的力学强度，但耐磨性差	油标尺、油杯、遮阳板和后灯灯罩等耐磨减摩零件
耐磨减摩零件	聚酰胺（尼龙）	有韧性好、耐磨、耐疲劳、耐水等综合性能，但吸水性大，尺寸稳定性差	车窗摇手、风扇叶片、里程表齿轮、输油管、球头碗和衬套等
	聚甲醛	有优良的综合力学性能，尺寸稳定性好，耐油、耐磨、电绝缘性好，吸水性小	万向节轴承、半轴和行星齿轮垫片、汽油泵壳、转向节衬套等
	聚四氟乙烯	有极强的耐蚀性，良好的化学稳定性、耐低温性、电绝缘性，摩擦系数小	汽车各种密封圈、垫片等

名　　　称		主 要 特 征	应 用 举 例
耐高温零件	聚苯醚	具有很宽的使用温度范围（−127～121℃），良好的耐磨、抗冲击及电绝缘性能，有良好的力学性能，耐磨、耐高温、耐蚀	小型齿轮、轴承和水泵零件等
	聚酰亚胺	耐磨性能好，化学性能稳定	密封圈，冷却系密封垫等
隔热减振材料	聚氨酯泡沫塑料	相对密度小、质轻、强度高、导热系数小、耐油、耐寒、减振和隔声效果好	汽车内饰材料、坐垫、仪表板、扶手和头枕等
	聚氯乙烯泡沫塑料	相对密度小、导热系数小、隔热减振效果好等	各种内装饰覆盖件、密封条、垫条和驾驶室地毯等

2. 车用玻璃

车用玻璃以不同方式安装在车身上，一方面用于挡风、遮雨、密闭、采光，并起到了构成车身外形和装饰外观的作用；另一方面得以通过车窗玻璃改善视野，为乘客提供全方位清晰无阻的良好视线条件。特别是当镶装玻璃的面积越来越大的情况下，玻璃在车身上的地位更加重要和突出了。此外，当汽车发生碰撞或颠覆事故时，车窗玻璃还能为乘客提供安全保护作用。

车用玻璃根据用途和加工工艺，主要分为以下几种类型。

（1）钢化玻璃

通过淬火（钢化处理）可以使普通硅酸盐玻璃变得质地非常坚固。这种钢化玻璃是通过对其加热使之达到软化程度时（一般为600℃左右），然后同时向玻璃两面急速吹送冷风，通过急冷进行所谓"风淬"处理，在玻璃表面形成压应力，使强度得到提高。钢化玻璃的强度和耐冲击能力要比普通玻璃高3～5倍。玻璃破碎后呈无尖角的小碎片，不易伤人，安全性好。

半钢化玻璃除具有前述钢化玻璃强度高的优点外，最大特点是同等程度的损坏，却能在驾驶席处保留较大的玻璃片，从而使驾驶员的视线得到了保证。

（2）夹层玻璃

夹层玻璃是一种用透明粘接材料将两片或多片玻璃粘接在一起所组成的复合玻璃。由于这种粘接材料具有良好的抗冲击性能和粘接性能，当玻璃受到冲击破裂时，外来撞击物既不会穿透玻璃，玻璃碎片也不会飞散出去伤人，从而起到了安全作用。

这种玻璃适用于轿车、载货汽车和大客车等的前风窗、侧窗和后风窗玻璃。

（3）特种用途玻璃

特种用途玻璃是在钢化玻璃基础上，通过专门的工艺加工出来的具有特殊功能的汽车玻璃。

为了使车窗玻璃具有遮挡阳光照射的功能，在硅酸盐玻璃中加入微量的CO（钴—蓝色）、Fe（铁—红褐色）或其他金属元素，便成了能够抵抗紫外线照射的着色玻璃。有些着色玻璃还能随阳光的强弱自动变化色度，可减少乘客眼睛的疲劳程度，更增加了乘坐的舒适性。

前风窗的上部也适于着色，以遮挡阳光对驾驶员的照射。但这种着色玻璃的颜色是逐渐过渡的，在驾驶员正常视野范围内仍为无色透明的。

还有，将能够接收无线电信号的天线夹在玻璃内或印刷于玻璃表面，就使风窗玻璃有了接收无线电信号的功能；将电热金属粉按一定的宽度与间隔，在生产过程中与玻璃烧结在一起，通电后就有了除霜的功效。这些都是近年来汽车玻璃中涌现的有特殊功能的新产品。

（4）有机玻璃

用聚甲基丙烯酸甲酯制成的有机玻璃，在汽车玻璃中也占有一席之地。有机玻璃有它的许多独到之处：密度只有硅酸盐玻璃的二分之一，这对车身上镶装玻璃的面积越来越大的发展趋势来说，具有很重要的意义；机械性能却比硅酸盐玻璃好得多，例如，抗拉强度为636MPa、抗弯强度为137MPa、抗压强度为112MPa，这些都是硅酸盐玻璃所远不能及的。

有机玻璃的工艺性好，可用做车身构件并用紧固件连接。它也具有良好的透明度，并且十分容易被染成任何一种颜色，特别是加入阻挡红外线的材料以后，作为车身顶盖、天窗的镶装玻璃是最适宜的。

有机玻璃的缺点是表面硬度低，容易受到划伤并留下影响透明度的划痕。虽然采用镀膜法处理对这一弱点加以弥补，但有机玻璃在车身上的应用仍然受透明度和耐久性的限制。

3．其他车用非金属材料

（1）橡胶

① 橡胶的基本性能

●极高的弹性

这是橡胶独特的性能，橡胶的伸长率可达100%～1000%。橡胶在起初受负荷时变形量很大，但随外力的增加，橡胶又具有很强的抵抗变形的能力。因此，橡胶可作为减振材料，用于制造各种减轻冲击和吸收振动的零件。

●良好的热可塑性

橡胶在一定温度下失去弹性而具有可塑性，称为热可塑性。橡胶处于热可塑性状态时，容易加工成各种形状和尺寸的制品，而且当加工外力去除后，仍能保持该变形下的形状和尺寸。根据这一特性，可把橡胶加工成不同形状的制品。

●具有良好的粘着性

粘着性是指橡胶与其他材料粘接成整体而不分离的能力。橡胶有很强的吸附能力，能与其他材料粘接成整体，如汽车轮胎就是利用橡胶与棉、毛、尼龙等，牢固地粘接在一起而制成的。

●良好的绝缘性

橡胶大多数是绝缘体，是制造电线、电缆等导体的绝缘材料。此外，橡胶还具有良好的耐寒、耐蚀和不渗漏水、气等性能。

●橡胶的缺点

导热性差，硬度和抗拉强度不高，尤其是容易老化等。

② 橡胶在汽车中的应用

汽车上用量最大的橡胶制品是轮胎，目前全世界生产的橡胶约有80%为制造轮胎所用。此外，橡胶还广泛用于各种胶带、胶管、减振配件以及耐油配件等。

汽车常用橡胶的种类、特性及应用见表2-2。

表2-2　汽车常用橡胶的种类、特性及应用

名　称	主要特性	应用举例
天然橡胶	有良好的耐磨性、抗撕裂性，加工性能好，但耐高温、耐油、耐臭氧较差，易老化	轮胎、胶带、胶管及通用橡胶制品等
丁苯橡胶	有优良的耐磨性、耐老化性、力学性能与天然橡胶相近，但加工性能，特别是粘着性较天然橡胶差	轮胎、制动摩擦片、离合器摩擦片、胶带、胶管及通用橡胶制品等
丁基橡胶	有良好的耐热性、耐臭氧、耐酸碱及无机溶剂性能，气密性好，吸振能力强	轮胎内胎、电线、电缆、胶管及减振配件等
氯丁橡胶	有良好的物理、力学性能，耐臭氧、耐腐蚀、耐油、粘着性好，但密度大、电绝缘性差，加工时易粘辊、脱模	胶带、胶管、橡胶黏合剂、模压制品及汽车门窗嵌条等
丁腈橡胶	有优良的耐油、耐老化、耐磨性能，耐热性、气密性好，但耐寒性、加工性较差	油封、皮碗、O形密封圈及油管等耐油配件

（2）密封剂

汽车车身焊修组装后，会留下各种缝隙（如车顶排水槽、车顶钣金、地板接缝、车门钣金折边、门和窗玻璃与框架以及门把手孔口等）。密封剂的作用就在于将缝隙密封住，防止雨水、尘土侵入车身构件内和车室内。这种方法与橡胶条密封相比，具有工艺简便、接合牢固和玻璃不易错动等优点。

目前，常用的密封剂有PVC塑胶、合成橡胶和树脂（如环氧树脂、聚氨酯树脂等）。

（3）石棉制品

石棉具有良好的柔软性，本身不会燃烧，而且有较好的防腐性和吸附能力，但导热、导电性差。石棉在汽车上主要用于密封、隔热、保温、绝缘和制动等。

① 石棉板

石棉板是用石棉、填料和粘接材料制成的。它分耐油橡胶石棉板、衬垫石棉板、高压橡胶石棉板三种。石棉板通常用于制作有高温要求的密封衬垫及垫片内衬物，如汽缸床、排气管接口垫圈内衬等。

② 石棉摩擦片

石棉摩擦片由石棉、辅助材料和粘接剂经混合加热后压制而成。它具有硬度高、摩擦系数大、耐高温、耐冲压和耐磨耗等特点，主要用于汽车的动力传递和制动，如制作离合器和制动器的摩擦片等。由于石棉是致癌物质，作为制动材料将趋于淘汰。

🌑 三、任务实施

车身非金属材料种类繁多，主要介绍几种典型的车身非金属材料的特点及修复工艺。

1. 车身非金属材料的特点

车身用非金属材料包括塑料、纤维材料、复合材料、玻璃和橡胶等。近年来，塑料、非金属复合材料等非金属材料的使用在车身自重中所占比例明显提高，这些材料约占车身总重的25%左右（玻璃除外）。

（1）塑料

塑料是以石油、天然气、煤为基础原料的各种单体通过聚合、树脂黏合、树脂添加、附加缩合等复杂化学反应而生成的高分子材料。

塑料可分为热塑性塑料和热固性塑料。

① 热塑性塑料

其成形前即处于高分子状态，将其加热至软化点，使其具有一定的流动性而流动成形，它可分为通用热塑性塑料和工程塑料。车用的热塑性塑料种类有：ABS（丙烯腈–丁二烯–苯乙烯）、PP（聚丙烯）、PE（聚乙烯）、PVC（聚氯乙烯）、PF（酚醛）等，ABS、PVC、PU又称工程塑料。

② 热固性塑料

其是把相对分子量为1000以下的一次树脂加热熔化，然后浇入模中进行加压、加热，使一次树脂连接而成高分子的成形材料。在汽车上使用的热固性塑料有：PUR（聚氨酯）和UP（不饱和聚酯）等。汽车上所用塑料80%左右是热塑性塑料。

20世纪80年代时，汽车上所使用的塑料占汽车总重的5%～6%，90年代，塑料所占比例大幅度提高，约占总重的9.5%～14%。欧美轿车的塑料用量平均每辆车达90kg，其中PVC约为13.5kg、PU约为21.6kg、PP约为15.3kg、UP约为14.4kg、ABS约为9kg。客车内部材料均大量使用塑料以减轻重量。

（2）玻璃

汽车常用的玻璃种类有：钢化玻璃、区域钢化玻璃（即半钢化玻璃）、夹层玻璃（国外汽车常采用HPR夹层玻璃）和普通复合玻璃等四种。其中夹层玻璃有：聚乙烯醇缩丁醛夹层玻璃、聚丙烯酸甲酯夹层玻璃、醋酸纤维夹层玻璃和硝酸纤维夹层玻璃（此种应用较少）。

玻璃的使用量占轿车自重的3%左右，占轿车车身重量的10%左右。对于客车、载货汽车而言比例要相对小些。

（3）橡胶

汽车上的橡胶件主要有轮胎、橡胶密封件、橡胶防尘罩、橡胶衬套和衬垫类零件等，汽车上的橡胶使用量占汽车自重的10%以上。

橡胶种类有天然橡胶（NR）和合成橡胶两大类，其中汽车上常用的合成橡胶种类有苯乙烯丁二烯橡胶（SBR）、丁腈橡胶（NBR）、氯丁橡胶（CR）、乙丙橡胶（EPM、PDM）、聚氨酯橡胶（AUEU）等。

2. 车身非金属材料不同的修复工艺

（1）准备工作

剪刀一把、角向磨光机一台、切割砂轮片等工具。

（2）破损的修复工艺

① 根据破损处的大小裁玻璃纤维布。第一块一般要比修复处周边大20～30mm，以后每块要比前一块周边大20～25mm。修复1～2mm厚度的部位可用两层玻璃纤维布；2～4mm厚度的部位，可用4层；一些强度要求高的部位，可用6层或8层。

② 根据实际需要取适量树脂（用量一般为纤维布重的2.3倍）将引发剂（过氧化环己酮）及促进剂（环烷酸钴）依次按100∶4∶4的比例加入，并马上搅拌均匀。

③ 用扁刷蘸取调好的树脂在需要修复处背面刷涂一层树脂，再把纤维从小到大叠糊在需要修复处。纤维布一定要浸透树脂，不能有气泡、夹层等。待其固化后，用角向磨光机将毛刺飞边去掉。

④ 再按步骤2中的方法调兑少量树脂，加入滑石粉及已裁好的玻璃纤维短丝，调成有纤维的树脂腻子，用油灰刀在正面将V形坡口及孔洞填平。刮涂时以不超出打磨范围为好。固化后可用角向磨光机将其修整平顺，再用水砂纸砂磨平整。若一次达不到要求，可再补一次，力求修补的腻子与部件整体相吻合，最好是稍低0.5～1mm糊制。

⑤ 如果破损处有嵌件，可直接将嵌件糊在玻璃纤维中间，如图2-4、图2-5所示。

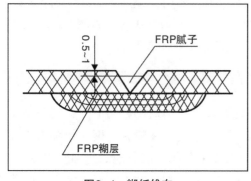

图2-4　糊纤维布

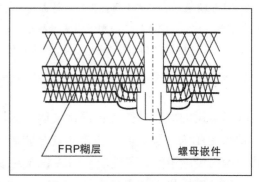

图2-5　将嵌件糊在玻璃纤维中间

⑥ 有些部件只需要较高的强度，而外观要求较低（或无要求），这时可在正反两面同时糊制玻璃纤维布，以达到使用标准。

⑦ 在完成上述操作后，即可按一般修补处理，即在玻璃钢补腻上刮涂原子灰、砂磨、喷漆等。

用上述方法修复塑料件，成本低、速度快，其强度与原来相当。

（3）塑料孔洞、穿孔的修复工艺

如果纤维玻璃夹层未刺穿或出现大面积损坏，可按如下程序维修损坏的部位。

① 清理并检查损坏部位。

② 用抹布和空气进行表面清理，如图2-6所示。

③ 砂光损坏部位，露出纤维玻璃夹层。用带真空吸尘附件的砂光机操作，以降低灰尘，如图2-7所示。

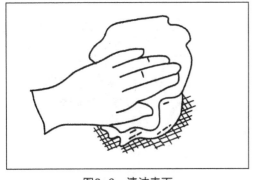

图2-6　清洁表面

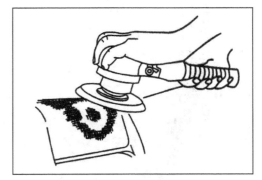

图2-7　砂光损坏部位

④ 研磨或锉平损坏部位边缘，以形成一个盘形。盘形侧面应有斜面，以扩大粘接表面，如图2-8所示。

⑤ 打磨损坏部位周围，准备粘接面。

⑥ 用水基蜡或油脂清洗剂清理维修部位。

⑦ 用抹布和空气进行表面清理。

⑧ 混合推荐的维修材料。

⑨ 将维修材料涂在损坏的部位，使维修部位比周围略高，如图2-9所示。

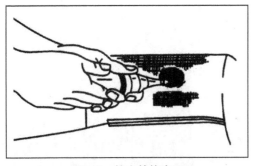

图2-8　扩大粘接表面

图2-9　涂维修材料

⑩ 固化维修材料，如图2-10所示。按制造商的建议进行操作。

⑪ 在DA砂光机上，用80目砂轮或曲齿车身锉磨光表面，如图2-11所示。

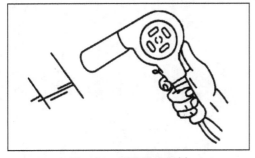

图2-10　固化维修材料

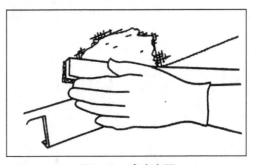

图2-11　磨光表面

⑫ 涂抹聚酯类材料，如Silkens Polystop LP或等效产品，使砂光面均匀，如图2-12所示。

⑬ 用双作用随机轨道砂光机完成表面砂光。

⑭ 必要时，涂底涂层并进行表面修整，如图2-13所示。参见各车型维修手册，查看准许使用的材料列表。按材料制造商推荐的程序操作。

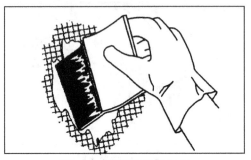

图2-12　涂抹聚酯类材料

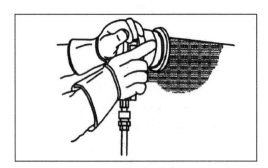

图2-13　表面修整

项目三　汽车车身板件的修理

[任务一　车身板件手工整形基本方法]

⬤ 一、任务分析

车身板件修理的主要内容为对凹凸变形的板件进行校正，这需要用到车身整形加工工具及其他校正机器等工具。下面先介绍一些车身钣金工具及基本使用技能、手工整形基本方法。

⬤ 二、相关知识

1. 钣金锤及基本使用技能

在车身维修工艺中利用钣金锤、顶铁和修平刀修复构件变形，是最常见的作业方式。对于车身覆盖件的局部变形、凹瘪等，均可以灵活地运均木块、木锤、橇板、手锤、顶铁等工具，直接敲击变形部位使其复位。

（1）板金锤的使用

首先应根据被修整部位的变形情况及材质特点，选用不同的钣金作业锤。如对薄板件和有色金属工件，应选用铜锤、木锤或硬质橡胶锤进行锤击；对于维修钣金件的小凹陷，可用风镐逐个轻微敲击以修平这些微小的凹陷，如图3-1所示。

板金锤的正确使用方法如图3-2所示。用手轻松握住板金锤子柄的端部（相当于手柄全长的1/4位置），锤柄下面的食指和中指应适当放松；小指和无名指则应相对紧一些，使之形成一个支点，拇指用于控制锤柄向下运动的力度，通过手腕的动作来挥动锤子，并利用钣金锤敲击零件时产生的回弹力沿一个圆形的运动轨迹来敲击，这样能更好地控制锤子。禁止像钉钉子那样让锤子沿直线轨迹运动，也不可用手臂或肩部的力量。一般每分钟以100～120次的频率施行轻微敲击能够将延展变形控制在最小范围内。

锤击作业质量的关键在于落点的选择，一般应遵循"先大后小、先强后弱"的原则，从变形较大处起顺序敲打，并保证锤头以平面落在金属表面上。同时还要注意分析构件的结构强度，有序排列钣金锤的落点，锤击过程中应保证间隔均匀、排列有序，直至将车身覆盖件的表面损伤修平。

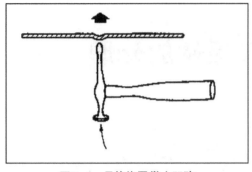

图3-1 风镐修平微小凹陷

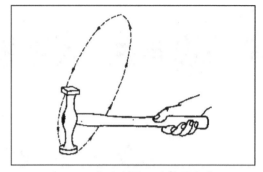

图3-2 钣金锤的正确使用方法

大多数锤子端部都有稍微的曲面，所以锤子端部与金属的实际接触面积大约只有直径为10～13mm的面积，因此，应根据构件表面形状、金属板厚度以及变形的大小，来合理选择钣金锤的尺寸和锤顶曲面的隆起高度，如图3-3所示。一般，平面或稍许曲面的钣金锤适合于修复平面或低幅度隆起表面，凹形或球形锤则适合修复内边曲面板，重锤则适用于粗加工或厚板构件的修复。

（2）顶铁的使用

顶铁在钣金修平作业中起很大作用。凡是便于放入顶铁的部位，车身壁板表面发生的凹凸变形均可用钣金顶铁予以修整。钣金顶铁相当于一个敲击工具，顶铁敲击或压迫损伤的车身覆盖件的内表面。顶起金属板的内面并展平弯曲变形的金属。在精加工过程中，钣金顶铁可以用来平滑较小或较浅的不平。此外，钣金顶铁还可以视需要延展金属和消除内应力。

在所有的敲打和拉伸的操作中，应将顶铁放在受损钣金件的内部，用前臂对其施加压入而使其抵在金属的内表面上，如图3-4所示。敲击时顶铁起到了铁砧的作用。

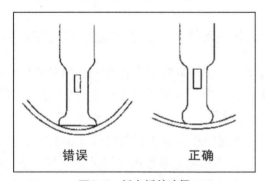

错误　　　正确

图3-3 钣金锤的选择

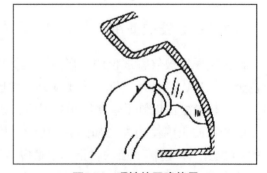

图3-4 顶铁的正确使用

选择顶铁时，如图3-5所示要选择一个工作表面必须与所修正的钣金形状基本一致（即半径与要修理的金属板件的曲面一样大或略小一些）的顶铁，避免造成新的损坏。依顶铁与钣金锤的相对作用位置，可以分为钣金锤与顶顶错位敲击（偏托）和钣金锤与顶铁正对敲击（正托）两种操作方法，如图3-6所示。

偏托法操作可以避免修复过程中小的受力不均，很小的压痕、很小的起伏、轻微的皱折都可以用这种力式拉升，而不会损坏漆层。偏托法由于手锤击打的是板料的正面凸起处。而顶铁击打的是背面的凹陷处，故不宜造成金属延展变形，常用于精修前粗加工过程中的局部变形的校正，校直钣金件的较大变形。

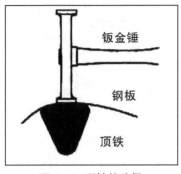

图3-5　顶铁的选择

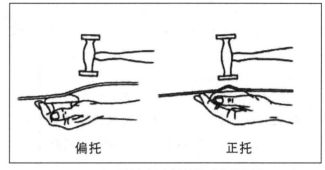

图3-6　顶铁与钣金锤的相对作用位置

正托法敲平容易使金属造成延展变形，这是因为当金属板在敲平过程中过分承受锤击，则受锤击部位的金属就会变薄而且面积变大，由于这块金属被周围没有受到锤击的金属紧紧包围着，而不能向任何方向扩张，多余的金属别无选择只有向上或向下移动。因此，正托法常用于修平钣金件和延展金属，必要时要进行收缩操作以消除金属的延伸变形。

（3）修平刀的使用

修平刀的使用如图3-7所示。将修平刀插入并抓住凹陷部位，用木锤或尼龙锤敲击凹陷周围的隆起，使变形逐渐减轻，甚至要用修平刀将凹陷板面直接顶起。当修平至一定程度时，再改用金属锤对变形进一步修整。修平多在形状上要求与修正表面相近，工作面的宽度放大一些。修平刀在修平的过程中主要起支撑作用，接触面积过小则很容易使金属表面留下印痕。

如图3-8所示，运用修平刀进行修平操作时，应十分注意锤击力度控制。受修平刀支点选择方面的影响，其端面与变形部位的顶铁力量不易控制。与顶铁法相比，修平刀法的敲击力度要相对小一些，在轻轻敲击的过程中还应特别注意顶铁位置和敲击部位的变化情况。应用修平刀还应注意支点的选择，要避免以车身的某些薄弱环节作为支撑，不得已时应垫上木板以免造成支点变形。无论采取哪一种办法，都应遵循"敲高顶低"的原则，并注意随时调整顶点和锤点的位置。

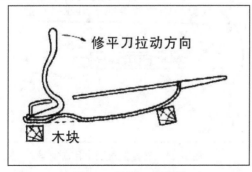

图3-7　修平刀的使用

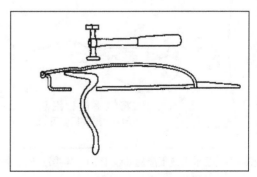

图3-8　运用修平刀进行修平操作

（4）橇镐和冲头的使用

如图3-9所示，使用撬镐把凹陷点撬起。首先用冲头在内部结构件上适当部位冲出孔，以利于使用撬镐和在敲平中调整接触部位。然后将撬镐或冲头直接插入板件下部，通过撬镐的头部将合适大小的突出点撬起。

由于撬镐要比冲头长一些，因而它能伸及的范围也要大一些，所以它一般用来撬起内部板件总成上的凹陷；而冲头被用来修理车身板件的外部和边缘。

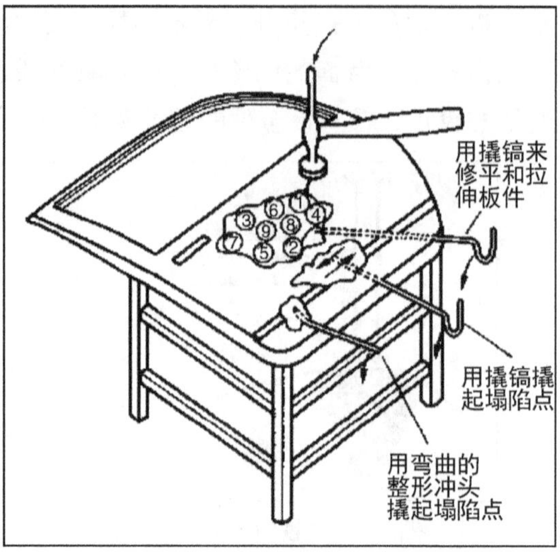

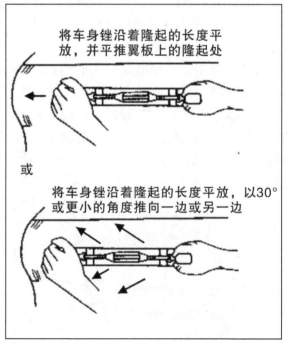

用撬镐来修平和拉伸板件

用撬镐撬起塌陷点

用弯曲的整形冲头撬起塌陷点

图3-9　橇镐和冲头的使用

（5）锉刀的使用

使用车身钣金锉刀作业时，要成一适当的角度而不是顺着锉刀直行前进。如果顺着锉刀直进的话，会把钣金面锉出凹痕。而且仅轻轻加压力于锉刀上进行推锉即可，太重的压力将过分切削金属面，但是也需要有适当的压力以防止锉刀跳动。

当锉一个平坦的部位时，将锉与推进方向成30°角水平地推，也可将锉刀平放、沿着30°斜角的方向进行，如图3-10所示。

在隆起的金属板上，应将锉平放，并沿着变平的凸起处平推，或者沿着凸起处最平坦的方向平放，以30°或更小的角度向一边推，如图3-11所示。

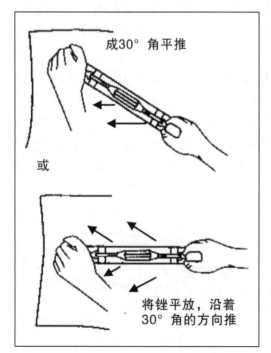

成30°角平推

或

将锉平放，沿着30°角的方向推

图3-10　在平坦或低隆起部位沿30°角推动车身锉

将车身锉沿着隆起的长度平放，并平推翼板上的隆起处

或

将车身锉沿着隆起的长度平放，以30°或更小的角度推向一边或另一边

图3-11　在隆起板面上用车身锉

2. 车身板件局部凹凸变形的修复

汽车车身钣金件大部分是曲面且形状复杂，因此曲面金属板凹凸处修整是汽车钣金修理的关键工艺。修复车身局部凹凸变形可用锤击法、吸拔法、惯性锤法等方法。根据变形的程度和部位，可选择一种方法或多种方法综合进行修复。

（1）锤击法

锤击法是指以钣金锤或各种锤头、顶铁或撬板、木块等为主要工具，通过直接敲击钣金件变形部位使其复位（敲击缩紧部位使之放松），并通过机械振动造成金属原子加大能量，促使晶粒复位以消除残余应力的方法。

① 局部凸凹变形的修复

无论拆解与否，凸凹变形的修复都应在分析变形的原因后，遵从先粗平，再精平，最后复原磨平的原则进行修复。注意，这个"平"的含义已包括曲面的平滑、光顺，并非单指平面的"平"。

● 粗平

粗平就是使凸凹变形的板类构件实现大致的平整。具体做法是：首先，实现整体上的大致平整，通常是先修复板面的大筋和骨架，无须校正的机械损坏或完成大筋和骨架的矫直操作以后，再使较大的凸凹变形消失；其次，按大筋或骨架的走向将整个板面分成几个局部，用同样的次序进一步使每个局部大致平整，即校正每个局部的小筋和相对较大的凸凹变形。

● 精平

精平作业追求的是表面的光滑与平整，使其表面的每一部分都恢复到理想轮廓的0.6 mm以内，如图3-12所示。

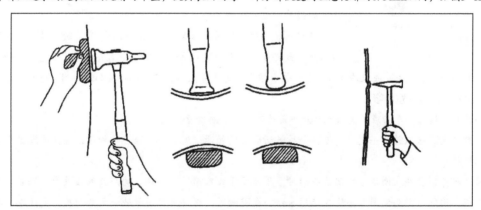

图3-12　凸凹损坏的精平作业

● 复原磨平

精平完成以后，再使用原子灰对修理过的微小凸凹进行填补，最后磨平。

② 钣金锤与顶铁配合锤击方法

有两种锤击作业手法和两种顶铁的使用手法。

● 锤击作业手法

· 断贴法

断贴法在操作手法上有两个基本特征：一是锤击点与顶铁的顶贴点并不一定重合；二是由于顶铁通常是用

冲击力加之敲击产生的反弹力来击打变形的，故顶铁与钣金锤的击打时刻并不一定同步。

· 紧贴法

紧贴法与断贴法有所不同的是钣金锤的落点一定要与顶铁的工作面重合，即实现点对点的对应；二是顶铁始终贴紧在修正面上，即顶铁面与锤击部位准确对应以防止因打空而破坏趋向平整的构件表面。

· 断贴法和紧贴法的区别

断贴法适合粗平作业，效率较高。紧贴法适合精平作业，精度较好。

● 顶铁使用手法

以顶铁的顶放位置.可分为"正托"和"偏托"两种方式。

· 正托法

正托法是将顶铁直接顶在板件背面不平的位置上，同时用手锤对着顶铁位置敲击，如图3-13所示。

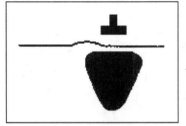

图3-13　正托法

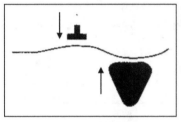

图3-14　偏托法

· 偏托法

偏托法是直接用顶铁从背面抵住最大凹陷处，使用木锤或尼龙锤敲击凹陷周围产生的隆起变形（锤与顶铁偏离），由最大凹凸变形处开始敲平，如图3-14所示。

· 正托法和偏托法的区别

用偏托法修整平面因为顶铁击打的是凹陷的板料背面（背面看是鼓凸部位），而手锤击打的则是板料正面的鼓凸部位。在这里，顶铁和铁锤一样，也是用来修复损坏部位的，它相当于一个冲击工具，只能敲击隆起处。偏托法一般用在平坦的或低隆起的金属板上。用正托法修整平面是将顶铁直接顶在板料背面不平的位置上，同时用手锤朝顶铁位置敲击，由于手锤的敲击作用会使顶铁发生轻度回弹，在手锤敲击的同时顶铁也将同时击打板料。顶铁垫靠得越紧，则展平的作用与效果也越大。所以，正托法适用于修理较小、较浅的凹陷和皱褶。

正托法容易造成板料的延展，要求技术水平高，故应慎重使用。只有到最后精平或经验丰富者用这种方法来延伸金属板，使其恢复原来的形状时才可使用。偏托法一般不会造成板件伸展，即使钣金技术不是十分熟练也可以比较自如地运用，它适用于粗平。

● 使用锤击法应注意的事项

用顶铁钣金锤修整车身表面是钣金作业中最为流行的一种修平方法。

· 在敲击金属板以前，一定要清除掉金属板两面上的柏油、泥土、内涂层等物质，确保修理工具能够直接与金属相接触。

· 修复车身钣金件表面发生的凹凸变形时，凡是便于放入顶铁的部位，均应放入顶铁予以修整。对较为薄弱的薄皮板类构件一定要使用木垫块或选用木锤、橡胶锤等。这样可以有效地避免车身构件发生二次损坏（即因修理造成的损坏）;有些变形，必须借助于撬具、顶铁等才能完成。

· 锤头的工作面必须符合金属板的形状，具有平坦锤面的铁锤适用于平坦的或低隆起的金属表面;凸形工作面的敲击锤适用于敲打内侧的弧线；精修锤用于最后的精修；顶铁端面的形状应与被修正壁板的表面相当，顶铁工作面也以稍大一些为宜（顶铁既可支承又可击打）。

· 运锤方法。敲打时应垂直地敲打（击打部位应在板件的中部，敲打金属表面的棱边将会加重金属板的变形），并让锤从金属表面弹回来。当锤子从金属表面上弹回时，可以绕着支点做轻微的旋转。其他的手指（包括拇指）将铁锤向下推，不可用整个手臂或肩部，而要用手腕使锤做环状运动。每两次敲击点的间距为1cm左右，直到损坏处得到修复。

· 顶铁的跟踪亦应十分及时，锤击次数要少并尽量使每一次的顶托和锤击都有效。

● **运用锤击法一般应遵循的原则**

· "先大后小、先强后弱"，要注意分析构件的结构强度，先将对变形影响较大的强度支承点复位，再修复其他部位。

· 有针对性地调整敲击点的位置、范围、力度、疏密等。敲击部位应从变形较大处起按顺序敲打；敲击力度、次数要适当，不可连续敲击一点，避免使金属板面发生延展、翘曲。

· 敲平时务必"敲高顶低"，并注意随时调整顶点和锤点的位置或锤击力度。

· 当锤击作业接近完成时，一般还要做一次调整。因为应用锤击法进行修复操作时，板类构件的形态不断变化，会直接影响修正的效率和最终工作质量。因此，应使用平锤、橡胶锤等做最后的调整性敲击，以使整块金属的组织舒展均匀，表面平整光滑。

· 敲击过程中要不停地用眼、手或测量，并进行检验，以便随时纠正。

（2）惯性锤法

惯性锤法在车身维修行业被广泛应用，车身构件的许多变形和损伤，都可以利用惯性锤的冲击惯性予以修复。

如图3-15所示，用惯性锤组件校正变形时，先将拉杆的一端用定位装置与变形部位固定，用手抓住滑块迅速向与变形相反的方向滑动，利用滑块沿杆身滑动时的惯性力，冲击杆端并带动定位装置使变形得到校正。可见，牵引力的大小，主要取决于拨动惯性锤的力的大小和滑动速度的高低。

惯性锤法常见的定位方式有两种，一种是钻孔法，另一种是拉环法。

① 钻孔法

钻孔法即在凹坑处的金属上利用"T"形尖锐螺旋锥，钻入薄板类车身构件，如壳体蒙皮、车顶、翼子板等的凹陷部位，实现滑杆与变形构件的可靠连接。将钣金件拉到理想位置后，拆除螺旋锥，用砂纸除掉损坏部分的油漆，补充填料（打腻子）和重新喷漆即可。

② 拉环法

拉环法就是视钣金受损面积大小，焊上一定数量的用于连接滑杆的平垫片拉环，凹陷面积较大时，也可以并列焊多个拉环并穿上拉轴，然后用惯性锤使凹坑恢复到理想的位置。最后应用焊机割除拉环，用角向砂轮将表面修平后，再用砂纸除掉损坏部分的油漆，涂上防锈漆，然后进行填料修补和重新喷漆，如图3-16所示。

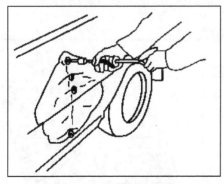

图3-15　惯性锤使用法

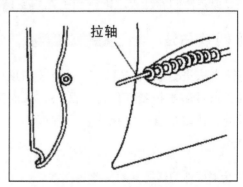

图3-16　拉环法修复车身

一般钻孔法适用于小面积凹坑，这样做对钣金及油漆损伤小。另一种方法则适用于面积较大的损伤，可减少穿孔过多对钣金的损害。

（3）吸拔法

对于表面变形较大但过渡圆滑，金属板件处于弹性状态，延伸变形较小的车身凹陷变形，可以利用吸盘将其吸出或拉杆拔出两种方法。

① 吸盘方法

吸盘方法如图3-17所示。吸盘是一种简单的吸附工具，真空式吸盘是利用手拉吸盘时，其吸盘与钣金件凹陷表面的真空起吸附作用，从而使凹陷拉平复位。用吸盘拉起凹陷的方法，免去了其他方法所需的拆装内围板、车内装饰件及钻孔、焊孔等麻烦，并且能可靠地保护表面涂层，也不需要再做表面修整，是一种简单、方便的凹陷修复方法。但是吸盘使用具有一定的局限性，它仅适合于修复呈弹性变形的面积较大的凹陷损伤。

② 拉杆拔出方法

拉杆拔出方法如图3-18所示。用拉杆拉起凹陷时首先在凹陷部分钻一个或数个孔、孔径约为3mm左右，然后将拉杆的弯曲端插入小孔钩牢，再用力向外拉伸。小的凹陷或皱折可以用一根拉杆拉平，但大的凹陷应用多个拉杆同时拉伸。当凹陷的低点拉上来的同时，其隆起的部分用手锤敲打下去即可。

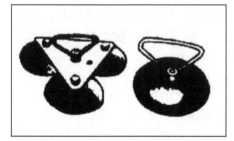

图3-17　吸盘使用

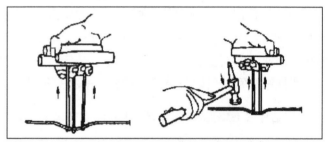

图3-18　拉杆拔出

3. 金属板件的扩展与收缩

当车身金属板件进行焊接等操作时，金属由于热胀冷缩会产生凹凸变形和厚薄不一或翘曲、扭曲等变形时，需要通过收放作业来修复，即对伸展、膨胀的金属进行收缩（简称"收"）；对收缩、拉紧的金属进行延展（简称"放"）。收放可以将尺寸误差、形状误差、位置误差控制在技术标准之内。车身金属板件的收放作业主要有三种形式。

（1）锤击法

用锤击法进行收放作业，以钣金锤和顶铁为主要工具，通过敲击拉紧部位使之放松，从而达到修正的目的，比较适合修复那些变形程度小、面积不大的构件。

① 金属板件的延展

对于薄板周边处于拉紧状态而引起的中间隆起，应通过锤击法延展、放松板料的周边，不应再敲击凸鼓中部以免变形加大。如图3-19所示，用锤子在四周开始锤击并逐渐向中间移

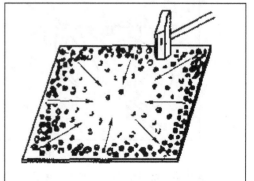

图3-19　四周拉紧中间隆起延展

动；其中，锤击边缘时的力度要大、击点要密，随着击点向中心的移动，力度应逐渐减小并使击点逐渐变疏。如此，金属板就可从四周开始延展、放松，并趋向至隆起面的中心，中心变形自然会被消除。

对于四周放松、中部拉紧形成的翘曲、扭动，修正时锤击从板料的中间部位开始，并逐渐呈放射性地向四周边缘扩散。敲击力度也是出强到弱、锤击点同样要由密变疏，如图3-20所示。锤击使板面中间延展，拉紧状态被放松，翘曲和纽动现象自然也被消除了。

② 金属板件的收缩

如图3-21所示，收缩锤工作表面上纵横交错的锯齿状凹槽锤击金属表面时，能使部分金属被挤压到凹槽中形成波浪状而产生金属的堆积，从而将延展的金属板件表面拉紧收缩，凸起变形也随之被消除。

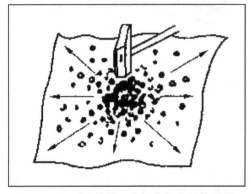

图3-20 四周放松、中部拉紧变形的延展

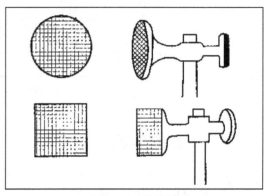

图3-21 收缩锤

（2）火焰法

火焰法收缩是利用金属热胀冷缩的原理来达到收缩目标的。如图3-22所示，当利用火焰对钢板迅速加热时，受热点及其周围就会以此为核心向外膨胀，并延伸至一定的范围。距受热点越近，金属的延伸、膨胀量也越大；反之，则延伸、膨胀量越小。由于受热点周围的金属仍然处于冷硬状态下，于是就限制了膨胀的扩展并形成了周向的固定，而加热点的金属很软，所以会有过多的金属趋向于加热点，从而引起此点金属垂直扩张变厚。延伸量也被受热点金属的膨胀变厚所代替。

在此状态下，如对受热点及其周围的金属轻轻地锻打，垂直方向膨胀的金属就被压缩并固定了下来，材料的内应力也因此被消除。如果尽快使红热区冷却，受热点及其周围的板料就会收缩，局部表面积将比受热前小一些，金属内部也会伴随着产生拉伸载荷，就可以获得更大的收缩量。由此达到了对板类构件膨胀、隆起收缩的目的。

（3）电热法

多功能车身整形焊机及其配套的电热棒和电热收缩锤，是电热法收缩的主要工具和设备，如图3-23所示。将电热棒（碳棒）

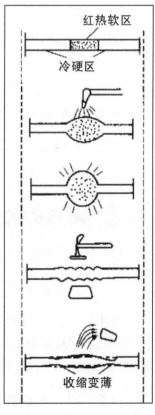

图3-22 火焰法收缩原理

红热软区

冷硬区

收缩变薄

通电加热后，便可直接在待收缩钢板上回转划动，使膨胀、隆起的金属受热。然后冷却加热点，板类构件的伸展、膨胀就会收缩（机理同火焰法），从而变形和内应力得到消除，达到修复的目的。

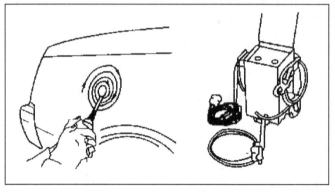

图3-23　电热法修复车身

三、任务实施

1. 准备

（1）安全防护

准备并穿戴好劳动保护用品，包括工作帽、工作服、安全鞋、护目镜、口罩、棉手套、皮于套。

检查用电设备的线路及连接是否正常，尤其注意电线的胶皮是否老化致使金属导线裸露，应该接地的设备是否接有地线。

（2）设备

准备好工具和材料，如直尺、钣金锤、单作用打磨机、外形修复机、车身防锈剂等。

2. 判断损伤范围

判断损伤范围的方法一般可分为三种：目视判断、用手触摸判断、用直尺判断。

（1）目视判断

利用钢板上折射的光线来判断损伤范围和变形的程度，判断方法如图3-24所示。在此阶段检测操作区域和周围的零件是非常重要的，因为一旦实施修理之后，将很难判断正确的损伤区域，而且，若没有修理到真正的损伤区域，将造成喷涂面不平整。

（2）用手触摸判断

从各个方向触模损伤区域，不要施加任何力量于手上，并且要专心注意手的感觉。为了正确判断小的凹陷，触摸的面积要大并且包括未受损的区域。

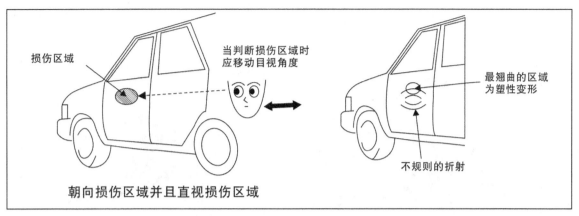

图3-24　目视判断

（3）用直尺判断

先将直尺置于未受损的钢板面，检测直尺与钢板面的间隙；再将直尺置于受损的区域，以判断受损与未受损区域间隙间的差异，判断方法如图3-25所示。相对于其他方法而言，该方法更能定量地去判断损伤区域的损伤程度。

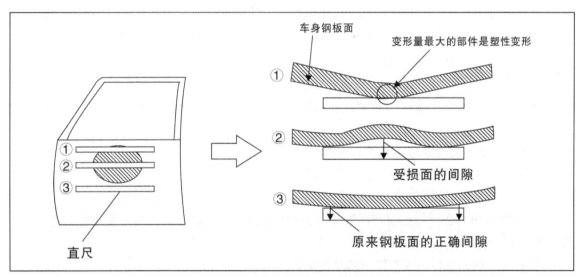

图3-25　用直尺判断

综合运用这三种损伤判断方法，判断出车门面板的损伤范围，并用彩色水笔画出损伤与未损伤的分界线。某车门面板损伤如图3-26所示。

3. 从工作面磨除旧漆膜

用打磨机磨除损坏区域的涂层，如图3-27所示。推荐使用单作用打磨机，60号砂纸。

按图3-27的方法抓住打磨机，将其平放在板件的表面后再开动打磨机；反之，如果在接触板件之前打磨机运转，那么在接触板件的瞬间可能摩擦出很深的划痕。沿损伤的各个方向移动打磨机以清除涂膜，不要使打磨机在一个部位停留过长的时间，否则会使板件过热。当板件的损伤较浅时，使打磨机表面与板件表面的角度在10°～20°之间；如果损伤较深，可使打磨机的角度大些，注意不要损坏打磨垫底边缘，打磨后的漆膜边缘应平滑而不能留有台阶。

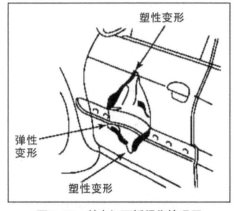

图3-26　某车门面板损伤情况图

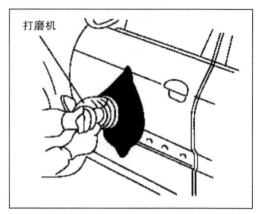

图3-27　磨除损坏区域的涂层

4. 清除板件背面的隔音材料

某些车身表面板件（如车门外板）的背面黏结有隔音材料，因此在整形前应将其清除。隔音材料通常为合成纤维，它是用黏结剂黏在车门外面板上的，因此，可以用小刀小心地沿边缘划出小口，然后将其完整地揭下，并用气动錾去除板件上的黏结剂。

5. 手工整形

选择合适的锤子和垫铁，并交替使用错位敲击和对位敲击对车身钢板的变形区域进行整形。

手工整形的关键在于以下几点：

① 判断钢板的塑性变形和弹性变形区域。

② 选择合适的锤子和垫铁。

③ 选择敲击方法。根据损伤区域的大小进行选择，小的凹陷或凸起采用对位敲击，大的采用错位敲击。

④ 注意垫铁的支撑位置和锤子的敲击位置。

⑤ 把握敲击的力度和次数，原则是用最少的敲击次数使板件恢复形状和尺寸，并且不能产生新的塑性变形（即不能把板件敲薄）。

6. 钢板收缩

用手触摸已经整形的部位，判断哪些地方是高点、哪些部位钢板整形后变薄了，然后使用车身外形修复机对钢板的高点进行收缩。如果没有比较明显的高点，此步可省略。

7. 磨除收缩痕迹

用打磨机磨除收缩痕迹，注意不要将板件磨穿。

8. 用锉刀进行检查并修整

当前面的钢板整形工作完成后，需要借助锉刀检查平整度。使用锉刀旨在得到锉刀滑过时产生的痕迹，用以显示板面的实际凹凸状况（表面留有锉痕的部位为凸点，无挫痕的部位则为凹陷）。然后用平锤、垫铁等工具修平。

检查弧形板面时，最好使用可调柔性锉，因为这种类型的柔性锉压到弧形板面上时，通过调整可使两端留有一定间隙，给操作带来很大方便。

9. 背面防锈处理

经过整形后的钢板，其表面的涂装工作完成，但钢板的背面也须恢复到出厂前的水平，为此在钢板的背面喷涂防锈底漆，防止其腐蚀。

10. 检查维修质量

按照判断损伤范围的方法重新对钢板表面的平整度进行评估，要求误差不超过1mm，如果超出这个范围，必须重新敲平。

[任务二 车身金属覆盖件损伤修复]

一、任务分析

车身金属覆盖件损伤主要是各种碰撞变形、撕裂、锈蚀等，修复的基本工艺就是就是采用板件的手工整形和焊接工艺，在进行板件的整形操作时要熟悉板件的性能特点，选用合理的修复工艺，对板件的专用工具也要掌握其正确的使用方法。

二、相关知识

1. 拉拔法修复车身金属覆盖件的原理

由于现代车身的结构日趋复杂，许多车身板由于受到焊接在一起的内部板件和车窗等结构的限制而难以触及它们的内部；或因为损伤比较轻微且只局限于金属外板，内板没有损坏，如果拆卸内板或拆卸相关构件，对于车身维修来讲工作量会无形之中加大很多，生产效率大大降低。因此车身修复中将凹陷的金属覆盖件用拉拔的方法抬高。在拉拔的同时，用板金锤对高点进行敲击，如图3-28所示。

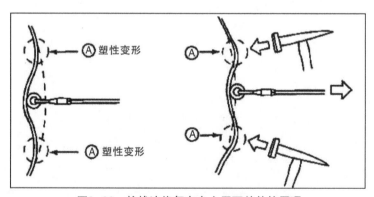

图3-28　拉拔法修复车身金属覆盖件的原理

2. 单点拉拔修复工艺过程

① 连接车身外形修复机，在损伤板件的边缘处将涂层处理掉一小块，露出金属板材，如图3-29所示。

② 用大力钳将车身外形修复机的负极电缆与板件牢固连接，如图3-30所示。调整好车身外形修复机的相关参数，准备焊接垫圈。

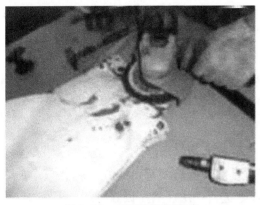

图3-29 处理边缘处漆面

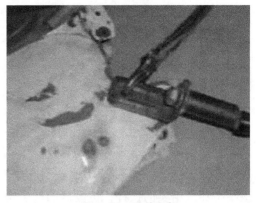

图3-30 连接负极

③ 根据车身金属覆盖件损伤的部位情况，确定拉拔的位置和拉拔点的个数。然后将需要拉拔部位的涂层处理掉，露出金属板材便于焊接垫圈。焊接垫圈时要适当地用力压紧板件，防止垫圈与板件之间产生火花，甚至焊接不牢固，如图3-31所示。

④ 用拉拔器的钩子挂在焊接好的垫圈上，按照与碰撞力相反的方向进行拉拔修复，如图3-32所示。当将凹陷基本上拉拔修复好后，用一只手稳定住拉拔器不动，再用钣金锤轻轻敲打凹陷变形的边缘，以消除板件内部的集中的内应力，如图3-33所示。

⑤ 如图3-34所示，用钳子将焊接好的垫圈取下，在取垫圈时要采用旋转的方式将其取下，防止将板件拉穿。

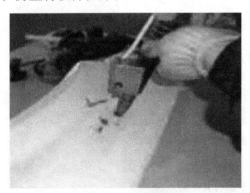

图3-31 焊接垫圈

图3-32 拉拔修复凹陷

图3-33 敲打消除应力

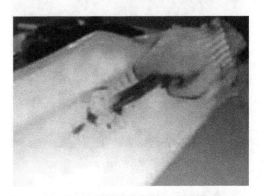

图3-34 用钳子将焊接好的垫圈取下

⑥ 如图3-35所示，用车身锉将焊点锉平，然后用钢板尺按照车身流线方向检查修复的效果，保证修复后的尺寸在2mm范围内即可，最后将修整完成后的表面进行涂层操作。

3. 其他拉拔修复工艺过程

（1）多点拉拔修复工艺

车身损伤的形式有极大的随机性，有时损伤会是条状受力小造成的，这时需要采用多点拉拔来修复损伤，如图3-36所示。多点拉拔修复就是在焊接垫圈时要同时焊接多个，在焊接的垫圈中穿入结实的铁杆，拉拔器的钩子钩在铁杆上进行一次性的拉拔修复。

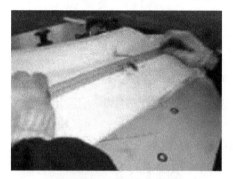

图3-35 检查修复效果

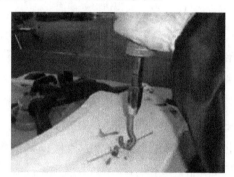

图3-36 多点拉拔修复工艺

（2）无损伤拉拔修复

无损伤拉拔修复是使用气动凹陷吸盘拉出器对板件进行无破坏的修复，如图3-37所示。

（3）钻孔拉拔修复

① 钻孔

在撞后出现的凹陷处或皱折处用手电钻钻出一排小孔，如图3-38所示。将牵引钩伸入小孔中，然后逐一将其往外拉，直到完全恢复原始位置，最后用二氧化碳气体保护焊将孔焊死。

图3-37 无损伤拉拔修复

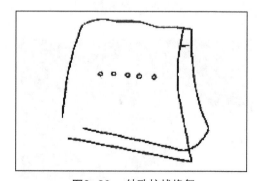

图3-38 钻孔拉拔修复

② 涂层操作

用砂轮机或车身锉对焊点修整完成后的表面进行涂层操作。具体修复时，应首先认真研究损伤，确定出最初发生碰撞的位置和方向，然后沿着最初形成的折损凹陷，以30mm左右的距离焊接垫圈，从凹陷最低处逐渐将凹槽拉出。拉伸的同时不断敲击拉拔处周围的高点。采用这种方法，不要一次就将凹陷的位置拉到位，有时要反复几次才可以达到理想的校正效果。对于第一个拉拔的部位尤其要注意，只能向上稍稍拉出一点，接着再拉下一个位置。这样做的原因：一是凹陷最低的地方加工硬化程度高，拉伸作用力又过于集中，力量过大可能会引起撕裂；二是随着周围金属的不断提升，凹陷中心部位也会不断升高，若一次升高过多，可能待修整完毕后凹陷最大的点反而成了鼓起的点，又需要反过来进行校正，给修理带来麻烦。

三、任务实施

准备好工具和材料，穿戴好防护用品，修复轿车车门面板凹陷按照下述步骤进行。

1. 判断损伤范围

综合运用三种损伤判断方法（判断方法参考任务一），判断出车门面板的损伤范围并用彩色水笔画出损伤与未损伤的分界线。

2. 从工作面磨除旧漆膜

用打磨机磨除损坏区域的涂层，推荐使用单作用打磨机，60号砂纸。

3. 焊接垫圈，用拉拔法修理

基本流程如下：

调整车身外形修复机相关参数→焊接垫圈→拉拔→拆卸垫圈→磨除焊接痕迹。

① 调整车身外形修理机相关参数。开始操作之前，必须研读焊机的使用手册。为了获得良好的垫圈焊接，在进行作业之前必须调整合适的电流和电流通过的时间间隔，应采用试焊法以获得良好的参数。图3-39显示了垫圈焊接的情况。

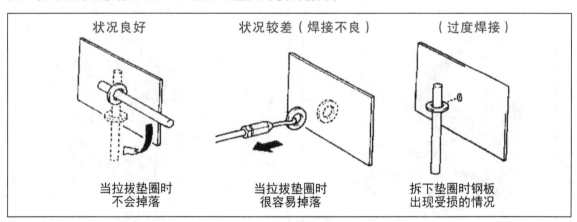

图3-39　垫圈焊接情况

② 在车门面板损坏部位焊接一排垫圈（焊接要点如图3-40所示），并用轴穿起。如果轴无法穿过，则重新焊接垫圈并使其排成一条直线。有冲压线的应首先修理冲压线，然后进行平面区域的整形。修理冲压线的垫圈焊接如图3-41所示，无冲压线的平凹应将垫圈焊在最凹处，如图3-42所示。

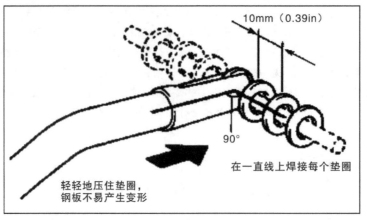

图3-40 垫圈焊接要点

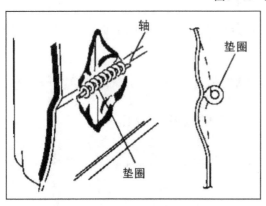

图3-41 修理冲压线的垫圈焊接

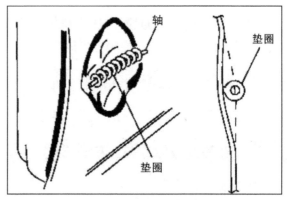

图3-42 修整平面的垫圈焊接

③ 将链条固定至轴的中间部位，然后外扣并保持，如图3-43所示。

注意： 不要用力过猛。

推荐使用拉塔进行拉拔，连接示意图如图3-44所示。拉拔具体步骤如下。

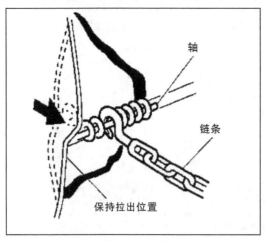

图3-43 拉拔

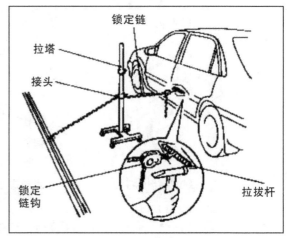

图3-44 拉拔连接示意图

● 估算钢板原来位置。

● 通过移动接头调整角度，以90°的角度从钢板面拉出垫圈。

● 从原来的钢板面轻轻地向外拉出。每次拉拔量如图3-45所示。

● 当拉紧链条时，轻轻地敲下凸出部位，如图3-46所示。

● 敲击后，确认拉拔量并视需要再次拉拔。

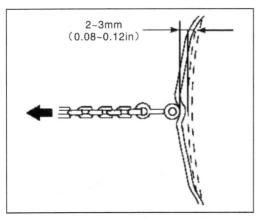

图3-45 每次拉拔量

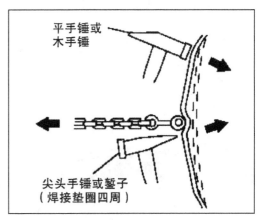

图3-46 敲击点

④ 将冲压线上的凸起部位拉出，用凿子修整冲压线，如图3-47所示。

⑤ 通过轻轻敲击，修整焊接垫圈周围，如图3-48所示。

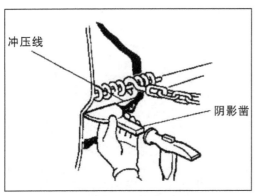

图3-47 修理冲压线

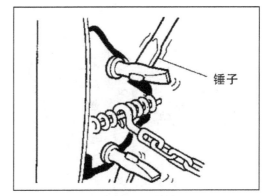

图3-48 修整平面

其他板件进行拉拔修复的技巧如下：

● 在拉平空心板制零件（如车门外槛板）时，应多焊些垫圈（图3-49），因为这些板件具有很高的刚度。

● 如果变形不严重可用滑锤局部拉平，如图3-50所示。

● 如果变形面积较大，则应采用多点拉平，如图3-51所示。

注意： 对冲压线和平坦表面同时进行拉平操作将更为有效。

⑥ 拉平后，拆卸垫圈。

4. 钢板收缩

进行钢板收缩作业。

5. 磨除焊接和收缩痕迹

使用单作用打磨机和80号砂纸研磨表面。

6. 检查并修整

用锉刀检查并修整。

7. 背面防锈处理

由于在实施垫圈焊接作业或钢板收缩作业时会产生热量，因而影响钢板背面的漆层而导致容易生锈的情形，所以必须在钢板背面喷涂防锈剂，如图3-52所示。

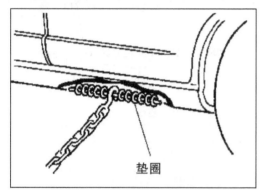
图3-49　车门外槛板垫圈焊接

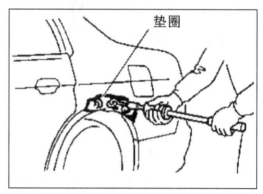
图3-50　局部拉平

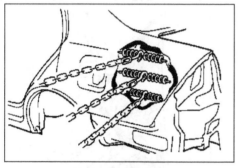
图3-51　多点拉平

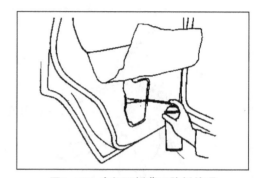
图3-52　车门面板背面防锈处理

8. 用原子灰修形并进入涂装作业

用原子灰填补板件表面的不平，干燥后打磨平整，然后进入涂装维修工序。

任务三　铝合金覆盖件损伤修复

一、任务分析

车身铝合金覆盖件损伤主要是各种碰撞变形、撕裂等，修复的基本工艺是采用板件的手工整形和焊接工艺，在进行铝合金覆盖件的整形操作时要熟悉板件的性能特点，选用合理的修复工艺，对铝合金覆盖件的专用工具也要掌握其正确的使用方法。

二、相关知识

现在许多轿车的车身都用铝制板件或全铝车身，铝合金的抗腐蚀能力是它的突出优点。当初次暴露在空气中时，铝的表面会形成一层很薄的氧化膜起到自我保护的作用，避免进一步的腐蚀。

和钢板相比，铝软得多，而且当铝受到加工硬化以后，更难以加工成形。它的熔点也较低，被加热时容易翘曲变形。另外铝合金制成的车身覆盖件及构件的厚度，通常相当于同部位钢件的1.5～2倍。在修复损坏的铝合金制车身板件或构件时应该充分考虑到这些特性。对于大多数铝制车身板件的修理可通过初步校正和使用填料填充的办法来进行。

1. 铝制板件的校正

（1）铝合金板件的敲平

① 对于铝合金板上的小凹陷，可用撬杠或精修冲撬起，但应注意不能使凹陷处升高大多，也不能用力过度而拉伸柔软的铝板。

② 对于面积较大的弹性变形，可使用钣金锤和修平刀进行弹性敲击，用以释放隆起变形处的应力。修平刀将敲击产生的力分散到一个较大的范围，使坚硬的折损处发生弯曲的可能性大大减小，操作必须非常小心。

（2）铝合金板的机械打磨

机械打磨加工时，不仅要防止高速旋转的砂轮烧穿铝合金，还要防止打磨过程中产生的热量会迅速使铝板弯曲。进行表面打磨时只要将油漆和底层涂料磨掉，不可磨到金属。打磨2、3遍后，用一块湿布使金属冷却再重复打磨，以免因热量增加而变形。

对于局部和薄边的打磨，应使用双向砂轮机或电动抛光机，转速应低于2500/min。使用磨具的粒度为80号或100号砂盘并配合一个泡沫材料的背板来使用，以避免热量的积聚。

2．铝制板件的焊接

（1）采用惰性气体保护焊焊接铝制板件

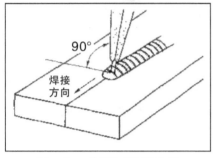

图3-53　焊距与板面示意图

进行铝板焊接时，应注意以下事项：

① 应使用铝焊丝和100%的氩气，而且保护气体的数量要增加约50%。

② 焊距应与板面呈75°～85°，即接近垂直位置，如图3-53所示。

③ 要采用正向焊接法，不能在铝板上进行逆向焊接，只能推，不能拉。进行垂直立焊时，应从下面开始向上焊接。

④ 焊接铝板时的送丝速度宜稍快。为了防止焊丝弯曲，宜将送丝滚轴上的用力调低一点。但压力也不可过低，以防止造成送丝速度不稳定。

⑤ 焊接铝板会产生更多的飞溅物，应在喷嘴和导电铜嘴的端部涂上防溅剂。

（2）铝制板件的铜焊与钎焊

当对铝制板件进行铜焊时，接缝是通过金属表面的结合而产生的，不能熔化母材金属。只有使母材金属与焊条达到大约相同的温度才能使填充焊条很好地结合。如果它们的温度不相同，熔化的焊条材料就会从母材金属的表面上流开。由于纯铝在659℃时熔化，所以在铜焊操作过程中使用的焊条的熔点应低于这个温度。

焊接时将浸过水的抹布放在距离焊缝两边大约2.5cm的地方吸热，能使铜焊过程中减少热扭曲变形。 铝件上由于撕裂而引起的毛边，不易施行定位焊，要用夹子将它们牢固地夹在一起，否则会出现毛边不能对齐的情况。

3．铝制板件的收缩

铝制板件收缩前，先用焰炬对受损坏的铝合金板加热，具体操作步骤如下。

① 围绕铝板的加热区用热敏涂料或热敏笔画一个环状的标志，如图3-54所示。

② 均匀移动火焰，对变形处加热。

③ 当用热敏涂料或热敏笔画的标志改变颜色时，停止加热。这时，受热处中心位置的温度在230℃，离铝的熔点还有相当的余量（铝熔点为650℃）。如果加热温度太高，可能会造成铝板的熔化。对于热收缩部位应尽量缓慢冷却，因为快速冷却、收缩会造成铝合金板的变形。

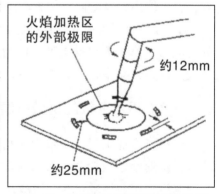

图3-54　用热敏涂料控制加热的温度

⚫ 三、任务实施

铝合金覆盖件的轻微损坏，可按照下列情况对其进行修复。

1. 施工前的准备

（1）安全防护

准备并穿戴好劳动保护用品，包括工作帽、目镜、口罩、棉手套、皮手套。检查用电设备的线路及连接是否正常，尤其注意电线的胶皮是否老化致使金属导线外露，应该接地的设备是否接有地线。

（2）施工设备

准备好工具和材料，如钣金锤、木锤、外形修复工具、焊接工具。

2. 车身铝板的整形

（1）分析损伤并确定方案

如有破裂、穿孔、凹陷在线条上只应力集中、扭曲严重、板与内架分离等情形之一，须更换。

（2）确认损伤范围

方法与钢板类似，利用视觉及手感方式。

（3）加热准备

将未受损处用湿布覆盖，以免加温时热传导超过受损区域。

温度标签放置在加热区域附近约50mm处，如图3-55所示。

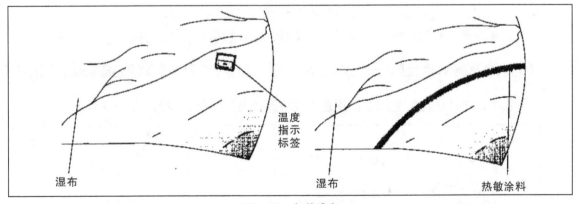

图3-55 加热准备

（4）加热操作

如图3-56所示，利用燃烧气体加热，加热过程中一旦温度过200℃或者热敏涂料干燥，须停止继续加温。

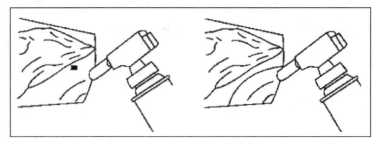

图3-56 加热操作

（5）锤击

如图3-57所示，锤击时应注意：

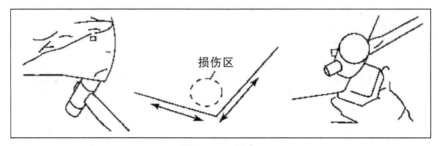

损伤区

图3-57 锤击

① 铝合金冷却速度快，在加温之后须立即进行敲打整平作业。

② 如果在角落棱线处初步修护时，表面可能还有折痕及应力存在。

③ 重复使用整平锤及垫铁敲击，使表面平顺。

④ 角落处也利用垫铁进行修平。

（6）局部缺陷修整

将局部缺陷处利用热风枪直接加温，加温时间为30s。

加热后利用整平锤实施整平作业使其恢复形状，如图3-58所示。

通过上述步骤铝板仍未整平，重复上述步骤，进行加热敲打并且整形。

（7）除油施涂钣金腻子

按照涂装的方法施涂钣金腻子，注意不能施涂普通原子灰，如图3-59所示。

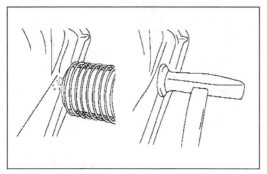

图3-58 缺陷修复

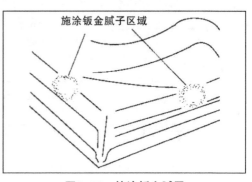

施涂钣金腻子区域

图3-59 施涂钣金腻子

3. 铝板焊接操作

铝及其合金的焊接通常使用惰性气体保护焊，其施工要求有其特殊性。

（1）确认板材成分

在进行铝车身修复前，应查看相关资料以确认板材的成分，并严格按照厂家的要求进行修复操作，不该焊接的部位绝不能进行焊接。

（2）焊丝选用

铝及铝合金焊丝选用，应综合考虑母材的化学成分、力学性能和使用条件等因素，应根据焊接工件材料牌号，选用相同焊丝材料牌号进行焊接，可以获得优良的焊接质量（见中华人民共和国国家标准GB 50236），并应符合：

① 纯铝焊接时，应选用纯度与母材相近的焊丝。

② 铝镁合金焊接时，应选用含镁量等于或略高于母材的焊丝。

③ 铝锰合金焊接时，应选用与母材成分相近的焊丝或铝锰合金焊丝。

④ 异种铝合金焊接时，应选用与抗拉强度高一侧的母材相近的焊丝。

⑤ 铝及铝合金焊接时，也可用母材切条作为填充金属。

（3）清洁

清理要求：焊前应对焊件坡口、垫板及焊丝进行清理，否则焊缝抗腐蚀力下降且容易引起气孔。

清理方法：先用丙酮或四氯化碳等有机溶剂除去表面油污，两侧的清理范围不应小于50mm。清除油污后，坡口及其附近的表面可用锉削、刮削、铣削、不锈钢丝刷或使用装有80号砂轮的砂轮机磨去周围的涂层，应清理至露出金属光泽，使用的清洁工具应定期进行脱脂处理。清理好的焊件和焊丝不得有水迹、碱迹或脏污。

（4）环境及工具

焊钢用的工具不能用于焊铝，铝必须在无尘、干燥的环境下焊接或保存。工作时必须穿戴干净的工作服和手套。铝对划痕的影响很敏感，因此不能用尖锐的刻画工具刻痕或打印记。通常，可采用铅笔进行标记。在用挤压、锤击和火焰校正法校正铝的变形时，也必须遵循上述原则。此外，火焰校正法只有在向厂商咨询后才能实行。根部间隙焊接时，易产生氧化物夹杂，为了防止夹杂，可采取先打底焊，敲渣后再封焊的措施，也可以采取使用垫板的方法。

（5）保护气的选用

用纯氩作为保护气能保证稳定的熔滴过渡，但在焊缝强度和防止氢气孔方面比采用氩与氦混合气的效果要差。实践证明含有30%~70%氦的氩与氦的混合气有许多优点。最常用的混合气是50%的氦和50%的氩。对于相同的弧长，氦的含量越高，电弧电压越高。不同氩与氦混合比下的焊接效果如图3-60所示。

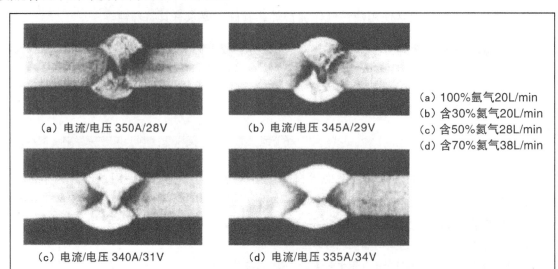

(a) 电流/电压 350A/28V　　　　(b) 电流/电压 345A/29V

(a) 100%氩气20L/min
(b) 含30%氦气20L/min
(c) 含50%氦气28L/min
(d) 含70%氦气38L/min

(c) 电流/电压 340A/31V　　　　(d) 电流/电压 335A/34V

图3-60　不同混合比的混合效果

气体流量： 短路电弧12～15L/min，喷射和脉冲电弧15～20L/min。

焊缝形状： 氩的含量越高，焊缝越宽，熔深越深，焊缝成形越好，并可用于高速焊接。

（6）调整工艺参数

按照焊机的使用说明调整电压和送丝速度，但说明书上给出的数值一般只是大概的数值，维修技师应该根据自己的经验和实际情况做出相应的调整。进行钢质车身焊接时，电压和送丝速度调整到正常值，焊接部位会发出平稳清脆的"吱吱"声，而铝材焊接时会发出平稳沉闷的"嗡嗡"声。

（7）定位焊

在对焊件进行定位焊时，应采用与正式焊接相同的焊丝和焊接工艺。

（8）焊接操作

引弧→左焊法→收弧。

在进行铝质板材焊接时，应使用铝焊丝，相对于焊接钢质车身气体流量应增加50%，焊枪与焊接部位应接近垂直，并且采用正向焊接法（左焊法），如图3-61（a）所示。不能在铝板上进行逆向焊接（向前推焊接），如图3-61（b）所示，以免熔池过热造成塌陷或击穿；进行立焊时，应从下面开始向上焊接。

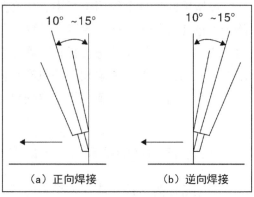

10°～15°　　　　10°～15°

（a）正向焊接　　　　（b）逆向焊接

图3-61　正向焊接和逆向焊接

（9）铝及铝合金焊接缺陷原因与防范

铝及铝合金MIG（惰性气体保护焊）焊时，焊接接头常见的缺陷主要有焊缝成形差、裂纹、气孔、烧穿、未焊透、未熔合、夹渣等。

① 焊缝成形差

焊缝成形差主要表现在焊缝波纹不美观，且不光亮；焊缝弯曲不直，宽窄不一，接头太多；焊缝中心凸起，两边平坦或凹陷；焊缝满溢等。

产生原因： 焊接规范选择不当，焊枪角度不正确，操作不熟练，导电嘴孔径太大，焊接电弧没有严格对准坡口中心，焊丝、焊件及保护气体中含有水分。

防止措施： 反复调试选择合适的焊接规范，保持焊枪合适的倾角，加强技能训练，选择合适的导电嘴孔径，力求使焊接电弧与坡口严格对中，焊前仔细清理焊丝、焊件，保证保护气体的纯度。

② 裂纹

铝及铝合金焊缝中的裂纹是在焊缝金属结晶过程中产生的，称为热裂纹，又称结晶裂纹。其形式有纵向裂纹、横向裂纹（往往扩展到基体金属），还有根部裂纹、弧坑裂纹等。裂纹将使结构强度降低，甚至引起整个结构的突然破坏，因此是完全不允许的。

产生原因： 焊缝隙的深宽比过大，焊缝末端的弧坑冷却快，焊处成分与母材不匹配，操作技术不正确。

防止措施： 适当提高电弧电压或减小焊接电流，以加宽焊道而减小熔深；适当地填满弧坑并采用衰减措施减小冷却速度；保证焊丝与母材合理匹配；选择合适的焊接参数、焊接顺序，适当增加焊接速度，需要预热的要采取预热措施。

③ 气孔

在铝及铝合金MIG焊中，气孔是最常见的一种缺陷，如图3-62所示。要彻底清除焊缝中的气孔是很难办到的，只能最大限度地减少气孔的数量。按其种类，铝焊缝中的气孔主要有表面气孔、弥散气孔、局部密集气孔、单个大气孔、根部链状气孔、杆状气孔等。气孔不但会降低焊缝的致密性，减小接头的承载面积，而且使接头的强度、塑性降低，特别是冷弯角和冲击韧性降低更多，必须加以防止。

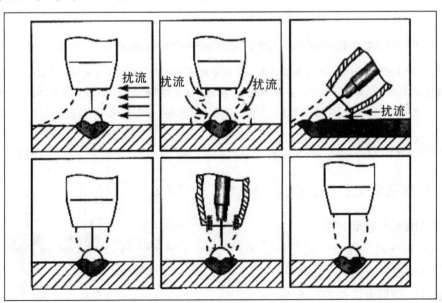

图3-62　气孔缺陷

产生原因：气体保护不良，保护气体不纯；焊丝、焊件被污染；大气中的绝对湿度过大；电弧不稳，电弧过长；焊丝伸出长度过长、喷嘴与焊件之间的距离过大；焊丝直径与坡口形式选择不当；在同一部位重复起弧，接头数太多。

防止措施：保证气体质量，适当增加保护气体流量，以排除焊接区的全部空气，消除气体喷嘴处飞溅物，使保护气流均匀，焊接区要有防止空气流动措施，防止空气侵入焊接区，保护气体流量过大，要适当减少流量；焊前仔细清理焊丝、焊件表面的油、污、锈、垢和氧化膜，采用含脱氧剂较高的焊丝；合理选择焊接场所；适当减少电弧长度；保持喷嘴与焊件之间的合理距离；尽量选择较粗的焊丝，同时增加工件坡口的钝边厚度，一方面可以允许使用大电流，也使焊缝金属中焊丝比例下降，这对降低气孔率是行之有效的；尽量不要在同一部位重复起弧，重复起弧时要对起弧处进行打磨或刮除清理；一道焊缝一旦起弧后要尽量焊长些，不要随意断弧，以减少接头量，在接头处需要有一定的焊缝重叠区域。

④ 烧穿

产生原因：热输入量过大；坡口加工不当，焊件装配间隙过大；点固焊时焊点间距过大，焊接过程中产生较大的变形量；操作姿势不正确。

防止措施：适当减小焊接电流、电弧电压，提高焊接速度；加大钝边尺寸，减小根部间隙；适当减小点固焊时焊点间距；焊接过程中，手握焊枪姿势要正确，操作要熟练。

⑤ 未焊透

产生原因：焊接速度过快，电弧过长；坡口加工不当，装配间隙过小；焊接技术较差，操作姿势掌握不当；焊接规范选择不当；焊接电流不稳定。

防止措施：适当减慢焊接速度，压低电弧；适当减小钝边或增加坡口间隙；使焊枪角度保证焊接时获得最大熔深，电弧始终保持在焊接熔池的前沿，要有正确的姿势；增加焊接电流及电弧电压，保证母材足够的热输入获得量；增加稳压电源装置或避开用电高峰。

⑥ 未熔合

产生原因：焊接部位氧化膜或锈未消除干净，热输入不足，焊接操作技术不当。

防止措施：焊前仔细清理待焊处表面；提高焊接电流、电弧电压，减小焊接速度；焊接时要稍微采用运条方式，在坡口面上有瞬间停歇，焊丝在熔池的前沿，提高焊接技术。

⑦ 夹渣

产生原因：焊前清理不彻底；焊接电流过大，导致导电嘴局部熔化混入熔池而形成夹渣；焊接速度过高。

防止措施：加强焊接前的清理工作，多道焊时，每焊完一道同样要进行焊缝清理；在保证熔透的情况下，适当减少焊接电流，大电流焊接时，导电嘴不要压得太低；适当降低速度，采用含脱氧剂较高的焊丝，提高电弧电压。

4. 铝板的铆接

（1）铆接基本工艺

铆接工艺的基本流程如下：

定位→夹紧→确定孔位→制孔→去毛刺→清除切削→涂胶→放铆钉→施铆。

铝板融合、铆接方法如图3-63所示。

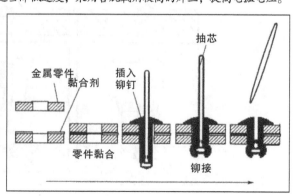

图3-63　铝板黏合、铆劲方法

（2）铆接的技术要求

① 铆钉头应贴紧零件表面。

② 铆钉不应有切痕等损伤。

③ 铆钉镦头一般应为标准镦头，标准镦头呈鼓形。

④ 铆钉镦头尺寸公式：

$$h_{min}=0.4d$$

当$d \leqslant 5$时，

$$D=（1.5 \pm 0.1）d$$

当$d > 5$时，

$$D=（1.45 \pm 0.1）d$$

式中，h_{min}——镦头最小高度；

$\quad\quad d$——铆钉直径；

$\quad\quad D$——镦头直径。

⑤ 镦头不允许有切痕、下陷、裂纹和其他损伤。

（3）制孔的工艺方法

制孔的工艺方法有钻孔、冲孔、铰孔。

① 根据工件特点、孔径大小选钻孔工具。

② 一般应从张度大、厚度高的一面钻孔。

③ 铆钉直径不大于3.5mm时，应先钻小孔，然后用钻头扩孔，小孔直径为铆钉直径的0.6～0.8倍。

④ 使用比铆钉孔直径大、顶角为120°～160°的钻头或专用工具去孔边毛刺。

⑤ 根据被加工材料选择钻头锋角。

（4）制孔的工艺要求

① 不同直径铆钉的铆钉孔偏差是不一样的。

② 铆钉孔的椭圆度应在铆钩孔直径偏差之内。

③ 铆钉孔的垂直度满足要求。

④ 不允计铆钉孔有棱角、破边、裂纹等。

⑤ 铆钉孔表的毛刺应清除。

⑥ 铆钉孔的表面粗糙度不大于6.3μm。

5. 车身铝板的更换

铝制车身板件受到撞击无法恢复时，应采取局部或整体更换的方法进行修复。特别是由于铝质板材硬化，损伤部位出现裂纹或断裂现象时就应该使用此方法了。铝质板件的更换是铝质车身修复时较为常用的一种方法。

（1）分离

分离铝质板件时，可使用切割锯、切割砂轮、錾子等工具，与钢质车身的板件分离没有太大区别，但乙炔氧气切割在铝质板件分离时禁止使用。另外，由于铝质车身的铆钉通常由高强度特殊合金材料（如硼钢）制成，所以铆钉是无法采取传统钻除方法去除的。正确的方法是，在铆钉顶部使用专用焊机焊接介子销钉（不可重复使用），然后用专门的拉拔工具将铆钉拔出。介子销钉焊接前，应对铆钉顶部的漆面进行打磨，在拉拔时，专用工具应与铆钉呈垂直状态。

（2）连接

传统的车身通常使用机械紧固和焊接两种连接方法，而铝质车身的构件大部分是通过黏结或黏结与铆接共用的方式连接在一起的。所以，更换铝质板件应严格按照厂家的技术要求，选用原厂提供的零部件或总成，正确选择切割位置和连接方式。我们知道，在进行钢质车身修复时，常用的连接方式可分为平接、插入件平接和搭接三种方式。在更换铝质板件时，这三种方式依然适用，不过只有少数的厂家允许采用平接（焊接）方式，在此不作过多介绍。

铝质板件更多的是采用插入件平接和搭接。进行插入件平接时（如纵梁的梁头、下边梁、门立柱），一般也可分为两种方法。一种是板件分离后，将插入件（厂家提供或自制）轻轻敲入，对更换部件精确定位后，在切割线的两侧钻出与铆钉相匹配的孔，然后将插入件取出，在去除毛刺、清洁、除潮湿等准备工作后，使用特制胶枪在外侧均匀涂抹专用黏结剂，再次将插入件放入，测量无误后按照已经打好的孔，使用专用铆钉进行拉铆即可。另一种方法是在准备切割的直线上间隔钻出铆钉的备用孔，然后沿此直线进行切割分离。将插入件放入并与所要更换板件定位，在已经钻好孔的位置进行重新钻孔，将插入件取出，做好所有的准备工作后打胶，再次将插入件放入，定位后拉铆即可。

在采用搭接方式更换板件时，除常规的方法外，有时为获得足够的强度和满意的视觉效果，特别是一些不适合采用插入件平接的部位，可采用厂家提供并做好预先处理的零部件进行搭接。这种方式在一些比较直观的部位使用较多，如车身的后翼子板等处。

（3）固化

相对于钢质车身修复，铝质车身板件更换的定位工作更为重要。铝质车身黏结部位的黏结胶需要较长的固化时间（25℃时需要36h）。如果胶在固化后车身尺寸发生了位移或变动，那可以说是灾难性的。所以，测量后必须使用定位夹或通用夹具对更换部件进行定位。在铝质车身修复时，还有很多注意事项应该引起我们足够的重视，如铝质车身上的一些特殊颜色的螺栓，拆卸后应按照厂家的要求进行更换，绝不可重复使用。在进行板件更换时，还应对黏结胶和各种专用工具的性能、注意事项和使用方法做全面的了解。总之，从事铝质车身修复工作必须接受专业化的培训，只有这样才能保证铝质车身的最终修复质量。

任务四 车身塑料板件的修复

一、任务分析

车身塑料板件损伤主要是各种碰撞变形、撕裂、断裂等，修复的基本工艺是采用板件的手工整形和焊接工艺，在进行塑料板件的整形操作时要熟悉板件的性能特点，选用合理的修复工艺，对车身塑料板也要掌握其正确的黏接与修补方法。

二、相关知识

越来越多的汽车零部件用塑料来制造，例如仪表板、内部修饰扳、加水口盖板、翼子板衬板、风扇叶片、风扇护罩、保险杠盖板和防撞区、散热器罩、前灯和尾灯的灯体和灯玻璃等。

1. 塑料板件的种类

为了更好地对塑料件进行维修，维修人员需要掌握塑料件的种类。汽车结构中常见的塑料件有两种类型，分别是热塑性塑料和热固性塑料，不同种类的塑料件有不同的维修方法。

① 热塑性塑料可以通过加热反复软化和变形，而其化学成分不会发生变化，可以在加热时变软或熔化，而在冷却时变硬。因此，热塑性塑料件可以用塑料焊机进行焊接维修，也可以进行粘接维修。

② 热固性塑料在热量、催化剂或紫外线的作用下会发生化学变化，硬化后形成永久形状，不能通过反复加热和使用催化剂改变其形态。热固性塑料件不能用焊接的方式维修，一般采用粘接法进行维修。

③ 新型的复合塑料是由不同的塑料和其他成分混合在一起使用形成的，如玻璃纤维加强型复合塑料，通常称之为片状模塑料（SMC）。SMC与传统的材料相比具有重量轻、耐腐蚀、耐凹痕且较易修理的特点。在汽车的各种部件上使用SMC和其他纤维增强塑料（FRP）已经很长时间了。外部车身板也经常使用加强塑料，这些板件用粘接剂粘接到车身金属骨架上，以增加整车的结构刚性。

2. 塑料的鉴别

在对塑料件进行维修前，必须明确需要维修的塑料件的类型，进而决定维修方法。识别未知塑料件类型的方法主要有以下4种。

（1）编号识别法

塑料件可以通过压印在零部件上的国际标准符号或ISO码进行识别（许多制造商使用这

些符号，符号或缩略语印制在零部件背面的一个椭圆标记内），必须拆下零件才能读取这些符号，如图3-64所示。如果无法用符号确定塑料件，可以通过车身维修手册查找车辆所用的塑料件的信息（一般车身维修手册均会列出专用的塑料种类）。

图3-64　塑料件背后的标识

（2）燃烧测试法

通过塑料燃烧时产生的火焰和烟来确定塑料的种类，热固性塑料燃烧时不会产生熔滴而热塑性塑料燃烧时会产生熔滴。但是这种测试并不总是可靠的，现在许多塑料件使用含有多种成分的复合塑料，在这种情况下，燃烧测试不能确定塑料的种类。此外，燃烧塑料会对环境造成污染，因此一般不建议使用此方法。

（3）粘接测试法

进行焊条粘附测试或用试凑法在零部件的隐蔽部位或损坏部位进行焊接测试。试用不同的焊条，直到发现一种焊条能够粘接在塑料件上，也就确定了塑料的基本材料。

（4）挠性测试法

用手弯曲塑料件，与塑料件样本的挠性进行比较，然后确定最符合基本材料特性的塑料种类。一般热固性塑料在弯折后不能完全恢复形状，而热塑性塑料弹性好，较容易恢复形状。

3. 塑料的修理方法

塑料件的修理方法有两种：粘接法和焊接法。由于不是所有的塑料都可焊接，因此粘接的修理方法相对来说更广泛一些，除少数情况外都可使用粘接剂对塑料进行粘接修理。

一般来说，热固性塑料损坏后不宜进行修理而是更换，但对于小的损坏（如裂纹）也可进行简单的粘接。通常需要修理的是热塑性塑料。

塑料在粘接或焊接之前的表面准备工作和清理极为重要，因为塑料制品的特点是结晶度大、表面光滑、张力小、湿润性差，这对塑料件的粘接和焊接都极为不利。针对不同的塑料类型，可从下列的表面处理方法中选择一种或多种并用。

① 对粘接部位进行脱蜡、脱脂处理。将具有脱蜡脱脂功能的溶剂（塑料清洁剂）浸湿在

布上进行擦拭，彻底清除粘接部位上的污物。

② 对于裂纹、穿孔部位的粘接，应该使用粗砂轮（36号）打磨坡口，增大粘接面积，同时粗糙的表面也有利于粘接。如果在打磨时出现滑腻现象（表面熔化而变得光滑）可涂粘接促进剂（可将光滑的塑料表面刻蚀成多孔结构或对塑料表面进行活化改性）对塑料表面进行化学处理。

③ 对需要粘接的部位进行火焰处理。采用富氧火焰如汽油喷灯、煤气氧化焰、气焊中的氧化焰等烧烤塑料表面，通过表面氧化降解反应达到表面改性和活化的目的；另外，热量可消除塑料的内应力。

4．塑料件修理中的注意事项

① 仔细阅读所有的标签说明和警告。

② 切割、打磨或研磨塑料件时，最好使用吸尘式打磨装置并佩戴呼吸器、防护眼镜和橡胶手套，避免吸入打磨粉尘和树脂蒸气。

③ 用玻璃纤维树脂或硬化剂修理时要戴上橡胶手套和呼吸器，避免与皮肤接触。

④ 打磨时穿戴好工作服，防止粉尘粘到皮肤上。

⑤ 如果树脂或硬化剂接触到皮肤，用硼砂皂和热水或酒精进行清洗。

⑥ 进行修理操作时始终佩戴防护镜。

⑦ 修理工作区域必须通风良好。

5．塑料件的粘接与修补

（1）粘接修理小划痕和裂缝的方法

塑料件上的小划痕和裂缝通常可以用粘接剂来维修，其修复方法如下。

① 用热肥皂水将维修部位彻底清洗干净，再用水和塑料清洁剂将维修部位擦洗干净。必须将塑料件表面的蜡、灰尘或油脂清除干净。

② 清洗后，用粘接剂工具包对损坏区域进行预处理。这个工具包应含有速凝剂和粘接剂。将速凝剂喷涂在裂缝的一侧，然后在同一侧涂上粘接剂，如图3-65所示。

③ 小心地将裂缝的两侧恢复到原来的位置，然后快速地用力将它们压在一起（压够1min，以获得良好的粘接强度）。然后，让维修处硬化3～12h，或者根据标签上的说明，以获得最大的强度。

④ 如果原有的漆面没有损坏，并且修理部位定位准确，就没有必要重新喷漆。

（2）粘接修理凹痕、撕裂和刺穿的方法

塑料件上的凹痕、撕裂和刺穿的修理程序比小裂缝的修理要复杂一些，其修理程序如下。

① 用热肥皂水彻底地清洗维修部位。然后，用浸有除蜡剂、除脂剂和硅树脂溶剂的湿布彻底清洁受损部位，然后再擦干。

② 如图3-66所示，为了使粘接剂能够良好地粘接，需要对维修区域进行打磨。一般要使用中等粒度的小砂轮进行低速打磨（转速不超过2000 r/min），向后将孔边斜切6～10mm。斜面打磨后变得粗糙，有利于更好地粘接。每次进行维修时，都应打磨接合的表面以提高粘接性。

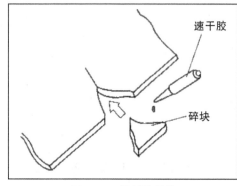

图3-65　塑料件粘接

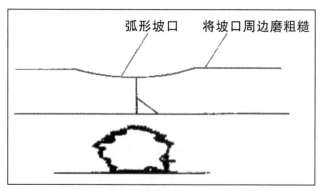

图3-66　维修区域打磨

③ 使用更细粒度的砂轮将维修区周围的油漆修薄边，将油漆边缘逐渐融合至塑料件中。继续清除油漆，直到孔周围25～38mm内没有油漆（维修材料不能覆盖到喷过漆的表面上）。

④ 仔细地擦除所有油漆和氨基甲酸乙酯尘屑。维修区必须绝对清洁，才能达到合适的粘接强度。

⑤ 也可以使用火焰可控的喷灯或烤灯进行加热处理，热处理可以提高某些结构粘接剂的粘接性。

⑥ 在维修部位贴上汽车衬带。推荐使用一侧带有强黏性和防水衬底的铝箔。用硅树脂溶剂和除蜡剂清洁维修区域的内侧表面，然后装上衬带。完全盖住孔，边缘留下大约25 mm的粘接表面。

⑦ 也可以用玻璃纤维布做衬底，而不用衬带。布块可以保留下来，有利于提高维修区域的强度。将整块布的两侧都浸透粘接剂，这样可以使布良好地粘接在塑料件的背面，还可以密封布块。

⑧ 在干净无孔的表面（如金属或玻璃器皿）上准备维修粘接剂。大多数粘接剂装在两根管子中。挤出等量的维修混合物，均匀地刮动以减少气泡，完全混合两个管子中的材料，直到获得均匀一致的颜色和状态。

⑨ 用橡皮刷或塑料刮刀将粘接剂刮入孔内。必须小心地快速完成操作，因为黏接剂在2～3 min就会开始硬化。一般需要涂两遍粘接剂。第一遍用来填充孔的底部，涂抹时不必担心外部形状。在涂抹第一遍时，一定要尽量地将孔填满。然后，在室温下硬化约1h，如允许加热硬化，可使用加热灯或加热枪以90℃加热20 min进行硬化处理。

⑩ 在涂抹最后一遍粘接剂之前，要先用细砂轮将第一次涂抹黏接剂形成的凸点打磨掉，擦去维修区域的粉尘。

⑪ 在打磨掉第一遍粘接剂并擦干净之后，混合第二遍使用的粘接剂，像前述那样将两根管子内的粘接剂挤在一起，约等待2 min，然后涂抹第二遍粘接剂，将其刮到整个维修区的轮

廓上。用挠性橡皮刷或刮刀将粘接剂抹成与板件轮廓相接近的形状，如图3-67所示。

⑫ 在粘接剂干燥之后，用80号粒度的打磨块打磨周围区域，然后用打磨机先后装上180号砂纸和240号砂纸轻轻打磨维修区域，使部件表面变得非常平滑。

⑬ 最后的修薄边和精磨可以用打磨机和320号砂轮来进行。打磨完成后，清除所有的尘屑和松脱的材料后对塑料件表面进行喷漆处理。

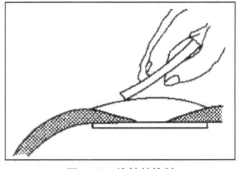

图3-67　涂抹粘接剂

6. 热塑性塑料的焊接

对于有一定强度要求的车身塑料件，尤其是当塑料件的破口损坏或缺陷较大时，可用塑料焊枪焊接。

（1）准备

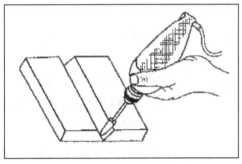

图3-68　用电钻修剪成V形

如图3-68所示，用锋利的刀子或电钻将破裂的地方修剪成V形，暴露出一个大的受热表面和大的缝隙来充填软化的焊条，形成完全的结合和熔化。根据零件的具体情况可以用不同形式的V形焊接接头，如图3-69所示。然后用干净清洁的布擦去接缝处的尘土和刮屑。但禁止使用汽油、酒精来清洗，因为它们会造成零件边缘的软化从而导致焊接不牢固。

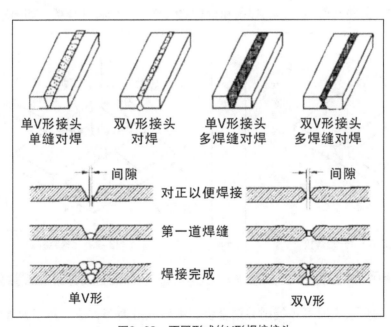

图3-69　不同形式的V形焊接接头

对于较大的变形，应使用红外线烘干灯来加热变形部位，当塑料件稍一变软，就应立即对变形部位加压、校正，如图3-70所示。为了获得良好的外观，校正较大面积的变形时，还应借助一些辅助工具，如光滑的木板等。

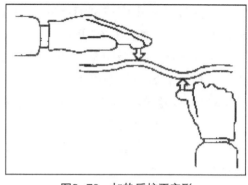

图3-70　加热后校正变形

（2）启动焊枪

① 打开压缩空气并将压力调节为大约17.2kPa。压力的设置可根据所焊塑料件的形式和厚度不同而改变。

② 将焊枪插入电源上并预热5～10min。

③ 将一个温度计放在距离焊枪末端的环箍热空气端6mm的地方来检查焊枪的温度。热塑性材料的焊接温度范围应为204～399℃。

（3）焊接

将焊枪握得距离工件与焊条端部12mm，并使装焊条的端部与母材保持90°，开启焊接，如图3-71所示。

一般新焊条都是齐头的，在使用前还应将其端头剪成斜面。在焊条与母材之间按"之"字形移动焊枪，让两者都均匀地预热，由于焊条很轻而且较小，所以为避免焊条加热过度和烧焦，应在母材上施加较多的热量。当焊条与母材发亮、发黏时就让焊条与母材接触。如果预热得充分，那么焊条就会被粘住。持续在焊条与母材之间移动焊枪，并施加压力将焊条压入V形焊接区域。当施加的热量充分时，在焊条和母材相接的地方就会形成一个熔化的焊波，焊条会开始弯曲并向前移动，在焊条和母材之间移动焊枪将其焊接，如图3-72所示。

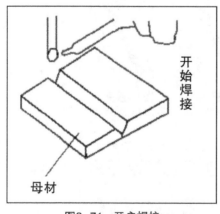

图3-71　开启焊接

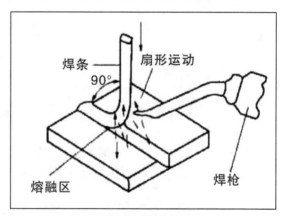

图3-72　焊接缝隙

（4）焊接区域的打磨

当需要修整的量较大时可用锉削并结合粗、细砂纸打磨等方法。对于大焊缝上堆积的过多熔材，可以用一把锋利的刀子先初步清除焊接区的过多塑料，然后进行打磨。

（5）检查焊接件的强度

最后应使用细砂纸将焊接区域进行最终打磨，并检查焊接件的强度。

🍩 三、任务实施

车身塑料件的划痕和裂纹通常用黏结的方法进行修理。塑料件完整的修理步骤如图3-73所示，图中从第5步开始属于涂装工修理的工作。

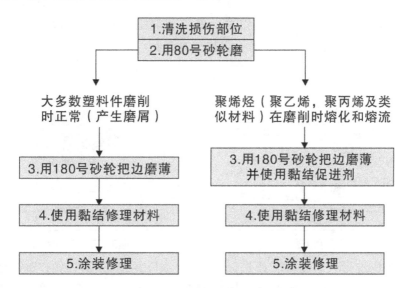

图3-73 完整的车身塑料件修理步骤

1. 划痕及裂纹的修复

划痕和裂纹按照下列的步骤进行维修：

① 施工前的准备。穿戴好必要的劳动保护用品，包括衣帽、眼镜、防毒面具、乳胶手套、防滑手套等。准备好施工用的工具和材料。

② 塑料鉴别。分清塑料件的类型，以便确定在修理过程中是否需要使用黏结促进剂。

③ 用水和塑料清洁剂把黏结部位上的蜡、油脂及其他污物清除干净。

④ 在黏结前，应将塑料加热至20℃左右。

⑤ 在裂纹的一侧涂敷黏结促进剂，在裂纹的另一侧涂敷一层黏结剂。

⑥ 将划痕或裂纹两侧对好，迅速压紧，几分钟后即可获得良好的黏结效果。

⑦ 进行涂装修理。

2. 撕裂、穿孔的修复

对于氨基甲酸乙酯塑料件和聚烯烃类塑料件的撕裂、穿孔等小损伤，修理步骤基本相同，不同之处在于聚烯烃类塑料件在修理过程中要使用大量的黏结促进剂。修理步骤如下：

① 施工前的准备。穿戴好必要的劳动保护用品，包括衣帽、眼镜、防尘口罩、防毒面具、乳胶手套、防滑手套等。准备好施工用的工具具和材料。

② 塑料鉴别。分清塑料件的类型，以便确定在修理过程中是否需要使用黏结促进剂。

③ 用肥皂和水清洗塑料件，吹干或擦干，然后用塑料清洁剂对黏结部位进行脱蜡、脱脂处理。

④ 用36号砂轮在撕裂、穿孔的边沿打出6～9mm宽度的坡口。如果打磨时出现滑腻现象，说明该塑料是聚烯烃类，可涂敷（喷涂）一层黏结促进剂，待其干燥后继续打磨。

⑤ 打磨羽状边，如图3-74所示。用P180号砂纸将裂纹或穿孔周围的面漆打磨出羽状边，要求仅仅打磨面漆而不要打磨塑料，要求在裂纹的周围3～4cm的范围内没有油漆（图3-75），以保证后序涂敷的黏结剂不会黏在油漆上。

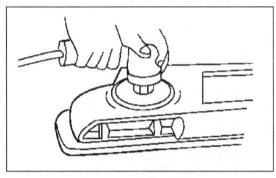

图3-74 打磨羽状边

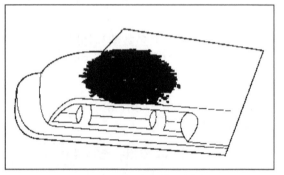

图3-75 打磨后的塑料件

⑥ 对黏结部位进行火焰处理，改进黏结性能。可用喷灯火焰在坡口处不断移动，使坡口表面出现棕色为止，如图3-76所示。火焰处理时一定要注意，不使塑料及油漆出现变形或成烧焦。

⑦ 用塑料清洁剂清除黏结部位背面上的蜡、油脂等，然后贴上带有黏结剂的铝箔胶带，将孔完全覆盖住，目的是保证黏结剂不会从反面漏出，如图3-77所示。

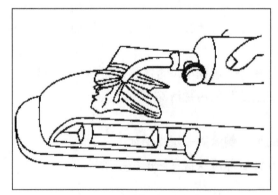

图3-76 塑料件的火焰处理

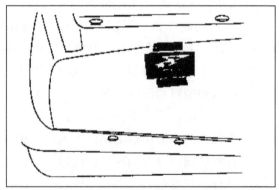

图3-77 用铝箔胶带封住孔的背面

⑧ 在打磨好的修理部位涂上黏结促进剂，使其全干。如果是氨基甲酸乙酯塑料件，本步骤省略。

⑨ 在一块玻璃板上分开挤汽等量的黏结剂和固化剂，如图3-78所示，注意不要将固化剂直接挤在黏结剂上。

⑩ 用塑料软刮板、采用与混合原子灰相同的手法（图3-79）将黏结剂和固化剂充分搅拌均匀，尽快使用（混合好的黏结剂在2～3min内会固化）。

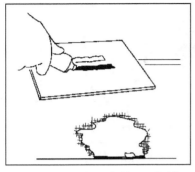

图3-78 取用黏合剂和固化剂

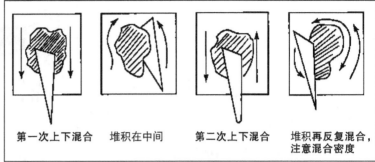

第一次上下混合　堆积在中间　第二次上下混合　堆积再反复混合，注意混合密度

图3-79 混合黏合剂和固化剂

⑪ 使用刮板分两次把混合好的黏结剂填充到孔洞中，且填充动作要快，如图3-80所示。

⑫ 迅速清洁工具，一旦黏结剂干燥则工具很难清理干净。

⑬ 固化1h，或用烤灯在80℃下烘烤15min，使黏结部位完全干燥。

⑭ 然后用P180号砂轮或打磨块磨平表面，如图3-81所示。

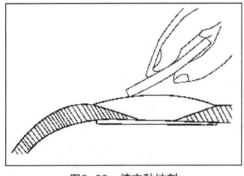

图3-80 填充黏结剂

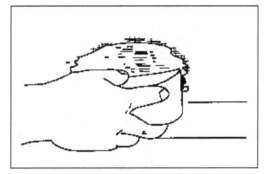

图3-81 磨平表面

⑮ 再次调和黏结剂，使用刮板对黏结部位进行刮平整形。待黏结剂完全固化后，依次使用P80、P180、P240号砂纸进行粗打磨和细打磨。若出现针孔或高低不平，可用腻子填平。

⑯ 进行涂装修理。

3. 结构性损伤的修复

塑料件出现较大的断裂或破裂（图3-82），其结构强度会受到影响，按下列步骤对其进行修理。

① 施工前的准备。穿戴好必要的劳动保护用品，包括衣帽、眼镜、防尘口罩、防毒面具、乳胶手套、防滑手套等。准备好施工用的工具和材料。

② 塑料鉴别。分清塑料件的类型，以便确定在修理过程中是否需要使用黏结促进剂。

③ 使用夹子或胶带将破损部位的正面按原有的尺寸固定好，如图3-83所示。

④ 用塑料清洁剂对破损部位的反面进行脱蜡、脱脂处理。

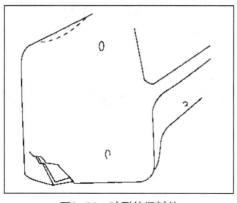

图3-82 破裂的塑料件

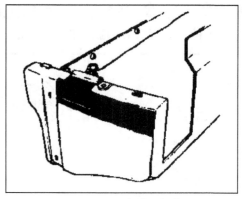

图3-83 固定破损部位

⑤ 用36号砂轮打磨破损部位的反面及边缘，如图3-84所示，必要时可沿裂口扩出6～9mm宽度的坡口。如果打磨时出现滑腻现象，可涂敷（喷涂）一层黏结促进剂。

⑥ 剪下一片比破损区域大40mm的玻璃纤维布，如图3-85所示。

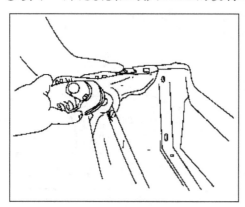

图3-84 打磨破损部位的反面

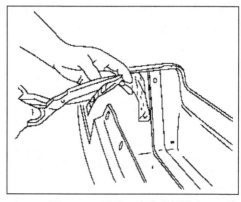

图3-85 剪下一块玻璃纤维布

⑦ 用塑料清洁剂清除打磨部位的蜡、油脂等，必要时可涂抹黏结促进剂。

⑧ 混合足够的双组分黏结剂，在打磨区涂抹约3mm厚的黏结剂，如图3-86所示。

⑨ 将玻璃纤维布覆盖在黏结剂上，用塑料刮板将其压入黏结剂中，并使玻璃纤维布填入沟缝中，如图3-87所示。

⑩ 继续使用足够多的黏结剂涂敷玻璃纤维布的表面，要求完全填充缝隙和沟槽，如图3-88所示。

⑪ 迅速清洁工具，一旦黏结剂干燥则工具很难清理干净。

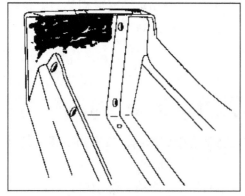

图3-86 打磨区涂黏结剂

⑫ 等待黏结剂在室温下硬化约30min，然后去除夹子或胶带。

⑬ 修理断裂部位的正面。重复步骤4～11，如果没有必要，也可以不使用玻璃纤维布，而直接使用黏结剂填充正面。

⑭ 待黏结剂完全固化后，依次使用P80、P180、P240号砂纸对零件的正面进行粗打磨和

细打磨。若出现针孔或高低不平，可用腻子填平。

⑯ 进行涂装修理。

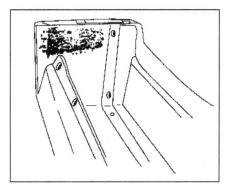

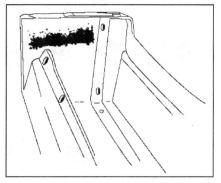

图3-87　将玻璃纤维布覆盖在黏结剂上并压实　　图3-88　在玻璃纤维布的表面涂敷黏结剂

项目四　车身测量与检验

任务一　车身数据图的识读

一、任务分析

汽车车身数据图的识读是现代汽车车身修复的重要内容，汽车其他总成的安装是否正确与汽车车身形状和位置密不可分。车身尺寸的正确与否将直接影响汽车的总体性能，因此车身修复人员必须足够重视车身数据图的识读。

对车身的校正或主要构件的更换，需要通过测量来保证其相关的形状尺寸精度和位置精度，维修过程中不断测量车身定位参数值所处的状态，是保证修复作业是否在质量控制之下的关键。测量对修复起着至关重要的作用，尤其是在校正变形的过程中，没有对外观参数的测定，修理作业是无法进行的，所以要意识到车身数据图的识读的必要性。

二、相关知识

1. 车身数据图测量的基本要素

车辆在碰撞、刮擦事故中，车身构件或覆盖件发生局部变形，可以通过直观的观察做出损伤的鉴定。当车身出现整体变形时，则必须进行正确的测量，才能制定合理的修理工艺，准确估算工时费用。

车身测量即测量车身某一点相对长、宽和高的数据。掌握车身测量的点、线、面三个要素是完成车身测量的关键。

（1）控制点

车身测量的控制点用于检测车身损伤与变形的程度。车身上的控制点并非无规律可循。承载式车身的控制点如图4-1所示，第一个控制点通常在前横梁处①，第二个控制点在前围板区域内②，第三个控制点在后车门区域内③，第四个控制点在后车身后横梁处④。

实际上，对控制点的测量就是对关键参数的检查与控制，并且这些参数又是有据可查的，一些车身测量设备就是根据控制点原则研制而成的，它是目前车身维修中比较实用和流行的测量原则。

对车身进行整体校正时，可根据上述控制点的分布将车身分为前、中、后三部分，如图4-2（a）所示。这种划分方法主要基于车身壳体的刚度等级和区别损伤程度，分析不同控制点及其在车身测量基准中的作用和意义。

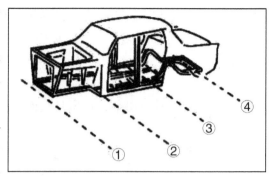

图4-1　车身控制点的基本位置

车身壳体刚度分级的概念是：同一车身划分成不等的壳体刚度。乘员舱尽可能具有最大的刚度，而相对于乘员舱的前、后（发动机舱、行李舱）则应具有较大的韧性。如图4-2（b）所示，通常分别于前、后两处设置可以吸收冲击能量的安全结构。当汽车发生正面碰撞或追尾等事故时，所产生的冲击能量可以在车身前部A段或后部C段得以迅速吸收，以前车身或后车身局部首先形成A'或C'，来保证中部乘员舱B段有足够的活动范围与安全空间。

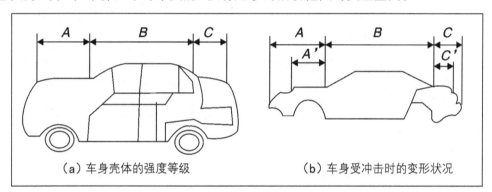

（a）车身壳体的强度等级　　　　（b）车身受冲击时的变形状况

图4-2　车身上吸收冲击能量的分段

（2）基准面

车身设计时往往是先选定一条基准线，将该基准线沿水平方向平移成一个水平平面，由车身上各个对称平行点所形成的线或面与之平行，如图4-3所示。水平面被用来作为车身所有垂直尺寸测量的参照面，汽车高度尺寸数据就依据基准面得到，车身测量与维修同样需要用这些高度要求来控制其误差的大小。

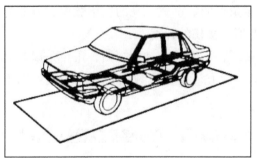

图4-3　车身基准面

在实际测量中，应根据基准面原则调整车身沿水平方向的高度，由此确定车身高度测量基准。如果遇到实际测量部位不便于直接使用量具时，可以根据数据传递方法将基准面上移或下移，这样不仅有利于测量仪器的使用，而且也可以获得更加精确的测量结果。

（3）中心线及中心面

中心线及其沿垂直方向平移获得的中心面，实际上是一个假想的具有空间概念的直线和平面，该平面将车身沿长度方向截为对称的两部分，如图4-4所示。车身的各个点通常沿这一平面对称分布，因此所有宽度方向的尺寸参数及测量，都是以该中心线或中心面为基准的。

修复车身所发生的变形或损伤时，应在纵向、横向两个截面上反复调修、校核相对于标准的形状与位置误差参数，使车身表面各关键点（空间坐标）符合技术规定。更换车身覆盖件时，对互换性、形状与位置公差和装配准确度亦有较高的技术要求。这些都很难单纯地依靠技术、工艺标准来实现对车身维修质量的控制与判定。

（4）零平面

为了正确分析汽车损坏，一般将汽车看成一个矩形结构并将其分成前、中、后三部分，三部分的基准面称为零平面，如图4-5所示。

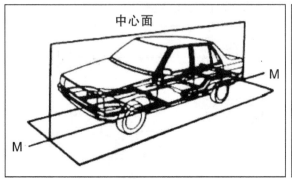

图4-4 中心线及中心面示意图

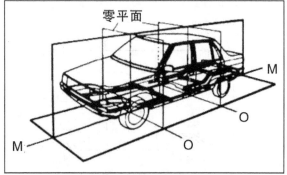

图4-5 零平面示意图

2. 车身尺寸的读取

各汽车公司的汽车都有车身数据，有些车身测量维修设备公司也通过测量来获得数据。不同公司提供的车身尺寸图在形式上可能有所不同，但是基本的数据信息是相同的，一般都注明了车身上特定的测量点，而且都要反映车身上测量点的长、宽、高的三维数据，以此为基准对车身的定位尺寸进行测量，可以准确地评估变形及损伤的程度。

车身尺寸，如图4-6所示。图中上半部分是俯视图，下半部分是俯视图，用一条虚线隔开。图的左侧部分代表车身前方，右侧部分代表车身后方。要读取数据，首先要找到图中长、宽、高的三个基准。

（1）宽度数据

中心线把车身在宽度上一分为二，在俯视图上的黑点表示车身上的测量点，一般的测量点是左右对称的。两个黑点之间的距离有数据显示，单位是mm，每个测量点到中心线的宽度数据是图上标出的数据值的一半。

（2）高度数据

高度基准线下方有从A至R的字母，表示车身测量点的名称，每个字母表示的测量点一般在俯视图都显示两个左右对称的测量点。侧视图上每个点到高度基准线都有数据表示，这些数据就是测量点的高度值。

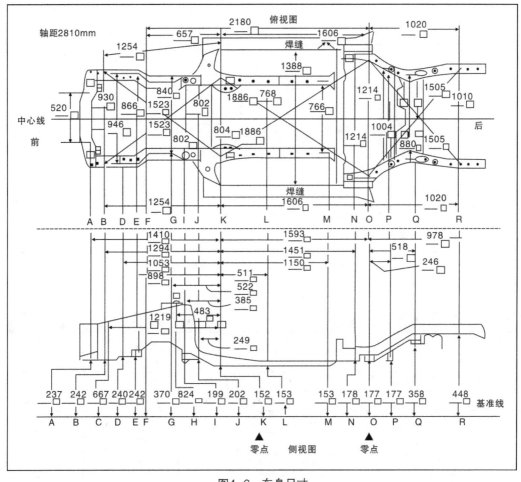

图4-6　车身尺寸

（3）长度数据

在高度基准线的字母K和O的下方有一个小黑三角，表示K和O是长度方向的零点。它们就是车身的长度基准点，K点是车身前部测量点的长度基准，O点是车身后部测量点的长度基准。从K点和O点向上各有一条线延伸至俯视图，在虚线的下方位置可以看出汽车前部、后部每个测量点分别到K点和O点的长度数据显示。

例如要找A点的长、宽、高的尺寸，首先要在图中找出A测量点在俯视图和侧视图上的表示位置，从俯视图中可以找出左右A点之间的距离是520mm，A点至中心线的宽度值是前述距离的一半260mm。从侧视图的高度基准线可以找出A点的高度值为237mm。从A点和K点的向上延伸线可以找出长度值为1410mm。

使用这种数据图配合测量系统进行测量时，首先要把测量系统的宽度基准调整到与车辆的宽度基准一致或平行，然后调整车辆的高度，让车辆的高度基准与测量系统的高度基准平行，长度基准就在车身下部的基准孔位置。找到基准后，可以使用各种测量头对车身进行三维测量。

图4-7为一旅行客车车架的定位参数，测量时，可根据选取相应基准点进行测量，测量数值参照表4-1中对应基准点名称及数值。

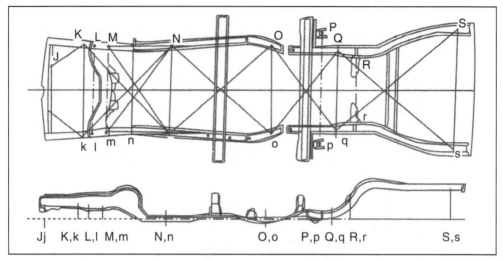

图4-7　旅行客车车架的定位参数示例

表4-1　车架的定位参数名称及数值

测定方向	车架测定部位	参数示例（mm）	测定方向	车架测定部位	参数示例（mm）
车架长度方向上的测量	M-N；m-n	582	车架对角线长度的测量	J-K；j-k	352
	M-O；n-o	891		K-N；k-n	1114
	O-Q；o-q	585		M-N；m-n	960
	Q-S；q-s	1082		N-O；n-o	1180
车架高度方向上的测量点与基准水平线的高度差	J-j	66		O-Q；o-q	939
	K-k	106		Q-S；q-s	1379
	L-l	90	车架宽度方向上的测量	K-k	780
	M-m	90		L-l	778
	N-n	-25		M-m	761
	O-o	-32		N-n	765
	P-p	5		O-o	782
	Q-q	12		P-p	892
	R-r	150		Q-q	690
	S-s	244		R-r	490
				S-s	1060

无论是承载式车身还是非承载式车身的车架，其定位基准和测量参数存在着密切的关联性（表5-1）。这种数据链关系一方面说明车身定位参数的变化"牵一发而动全身"，在一定程度上增加了校正与测量的复杂性；另一方面还说明即使较为严重的机械损伤，也可以利用目标参数来实现对车身、车架的校正与修复。按车身定位尺寸图体现的基准目标，既可以满足设计要求，又可以保证测量结果的可靠性、重现性。

以图纸规定为基准的参数法在车身测量中，其定向位置要求用点与点之间的距离来体现；其对称性要求用模拟轴线（或点）与实际对称轴（或点）的相对位置来体现。

◐ 三、任务实施

1. 车身上部测量数据的读取

（1）测量任务实施程序

测量车身上部尺寸时，首先要确定车身上部哪些位置尺寸需要测量，如图4-8所示，测量任务实施顺序如下。

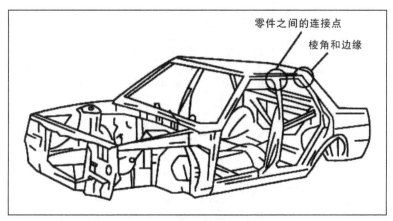

图4-8　车身上部需要测量部位

查阅车身上部尺寸图→选取测量基准点位置→读取原始数据→测量→读取测量数据→记录数据。

（2）测量前准备

① 车辆准备

- 彻底清洗车身外表。
- 选用中性汽车清洁剂清洗车辆。
- 车辆清洗后需要完全干燥。

② 测量工具

测量车身上部尺寸使用的工具是杆规和钢卷尺。使用前认真检查工具，确认工具完好，如不符合要求，应调整工具。

③ 注意事项

车辆清洗应彻底，并完全干燥；测量人员不得携带、佩戴钥匙等尖锐物件，以免划伤车漆。

（3）测量操作

根据车身上部尺寸图（其上部列有许多车身上部基准点的位置尺寸），选取如图4-9所示车身上部基准点，使用钢卷尺和杆规进行测量，读取并记录测量数据，测量数据结果应包含一位估计值，各小组分别、反复测量后，统计各组的测量数据，分析误差产生原因。

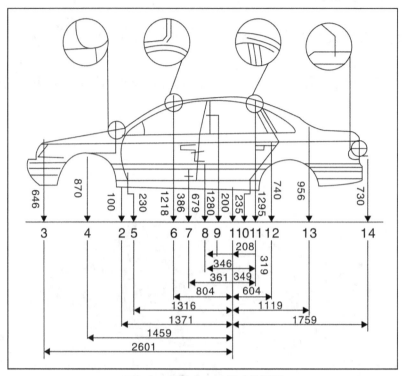

图4-9　某车身上部尺寸的测量

2. 车身前段尺寸测量

（1）测量任务实施程序

测量车身前段（即发动机舱尺寸）时，首先要根据车身前段尺寸图确定发动机舱的位置尺寸，如图4-10所示，表4-2为某轿车发动机舱的尺寸参数。

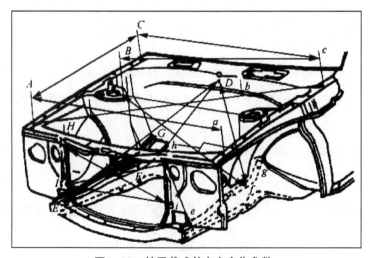

图4-10　某承载式前车身定位参数

表4-2 某轿车前车身的定位参数名称及数值

测定方向	测定部位	参数示例（mm）	测定方向	测定部位	参数示例（mm）
发动机舱长度方向上的测量	A-C	901	发动机舱高度方向上的测量	D-G	561
	a-c	901		D-g	561
	B-C	454		D-E（四门轿车）	978
	b-c	454		D-e（两门轿车）	980
发动机舱高度方向上的测量	A-a	1256		D-F（四门轿车）	652
	B-b	901		D-f（两门轿车）	653
	C-c	1284		H-E（KE系列）	287
发动机舱对角线的测量	A-c	1557		h-e（TE、AE系列）	297
	a-C	1557	水箱支架宽度方向上的测量	H-h（KE、TE、AE系列）	762
	B-c	1168			538
	b-C	1168		I-i（KE、TE、AE系列）	758
	B-f	921			538
	b-F	921	水箱支架对角线的测量	H-i（KE、TE、AE系列）	779
					580
				I-h（KE、TE、AE系列）	783
					580

测量任务实施顺序如下：

查阅车身前段尺寸图→选取测量基准点位置→读取原始数据→测量→读取测量数据→记录数据。

（2）测量前准备

① 车辆准备

● 测量所用车辆为一承载式轿车车身壳体，即不带有其他任何总成及附件，如发动机、变速器、车桥、车轮等。

● 选用中性汽车清洁剂清洗车辆。

● 车辆清洗后需完全干燥。

② 测量工具

测量车身前段尺寸使用的工具是杆规和钢卷尺。使用前认真检查工具，确认工具完好，如不符合要求，应调整工具。

（3）测量操作

根据车身前段尺寸图（其上列有许多车身前段基准点的位置尺寸），选取如图4-11所示的车身前段基准点，使用钢卷尺和杆规进行测量，读

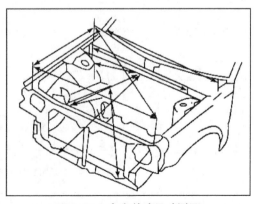

图4-11 车身前端尺寸测量

取并记录测量数据，测量数据结果应包含一位估计值，各小组分别、反复测量后，统计各组的测量数据，分析误差产生原因。

3. 车身侧围尺寸测量

（1）测量任务实施程序

查阅车身侧围尺寸图→选取测量基准点位置→读取原始数据→测量→读取测量数据→记录数据。

（2）测量前准备

① 车辆准备

- 测量所用车辆为一承载式轿车车身壳体，应拆除座椅及内饰件等。
- 选用中性汽车清洁剂清洗车辆。
- 车辆清洗后需要完全干燥。

② 测量工具

测量车身侧围尺寸使用的工具是杆规和钢卷尺。使用前认真检查工具，确认工具完好，如不符合要求，应调整工具。

（3）测量操作

根据车身侧围尺寸图，选取车身侧围基准点，使用钢卷尺和杆规进行测量，读取并记录测量数据，测量数据结果应包含一位估计值，各小组分别、反复测量后，统计各组的测量数据，分析误差产生原出。

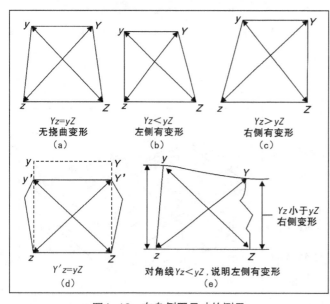

图4-12　车身侧围尺寸的测量

车身侧围的测量如图4-12所示。通过观察车门在打开和关闭时的外观及不正常现象，可以判断车身侧围结构是否变形。对于某些变形部位，还应注意可能会漏水，因此必须进行精确的测量。

用杆规、钢卷尺来测量车身的侧围结构。利用车身的左右对称性，通过测量对角线可以进行挠曲变形的诊断。这种测量方法适用于下述情况：没有发动机舱和车厢底部的尺寸，车身尺寸图表上没有适用的数据，或因翻车而造成了车身的严重损伤，如图4-12（a）所示；对角线比较测量法并不适用于车身左右两侧都发生损伤变形情况下的检查，也不适用于扭曲的情况，因为这时测不出左右对角线的差异，如图4-12（b）和图4-12（c）所示；如果左右两侧的变形一样，那么左右两侧对角线的差异并不明显，如图4-12（d）所示；测量并比较左右长度，可以更清楚地知道损伤状况，这种方法适用于左右侧对称的部位，如图4-12（c）所示。

4．车身后段尺寸测量

（1）测量任务实施程序

测量任务实施顺序如下：

查阅车身后段尺寸图→选取测量基准点位置→读取原始数据→测量→读取测量数据→记录数据。

（2）测量前准备

① 车辆准备

●测量所用车辆为一承载式轿车车身壳体。

●选用中性汽车清洁剂清洗车辆。

●车辆清洗后需要完全干燥。

② 测量工具

测量车身后段尺寸使用的工具是杆规和钢卷尺。使用前认真检查工具，确认工具完好，如不符合要求，应调整工具。

（3）测量操作

根据车身后段尺寸图，选取车身后段基准点，使用钢卷尺和杆规进行测量，读取并记录测量数据，测量数据结果应包含一位估计值，各小组分别、反复测量后，统计各组的测量数据，分析误差产生原因。

车身后段尺寸的测量，如图4-13所示。通过观察行李舱盖在打开和关闭时的外观及不正常现象，可以初步判断车身后段是否变形。考虑到其变形的位置及漏水的可能性，必须进行准确的测量。此外，行李舱地板的起皱往往是由后纵梁弯曲造成的．因而车身后段的测量应与车底的测量结合进行，这样才能有效地进行校正。

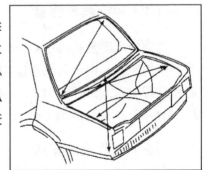

图4-13　车身后段尺寸测量

任务二 车身测量

一、任务描述

汽车车身测量是车身维修中不可缺少的重要环节之一。它是维持或恢复车身的正常功能，延长使用寿命并使其经常处于完好技术状态的主要依据。因此车身修复人员必须足够重视车身测量的方法和技巧。

车身修复的测量，一般分为作业前、作业中和修复后三个步骤。作业前的检测，旨在确认车身损伤状态和把握变形程度的大小；维修作业过程中的检测，有助于对修复过程的质量进行有效的控制；修复后的检测，为验收和质量评估提供可靠的数据。准确测量是顺利完成各种碰撞修复所必需的内容，所以要懂得车身测量的必要性。

二、相关知识

对车身整体变形的测量，是依赖计量器具采集相关的技术数据，用以判定车身构件及其与基准之间的相对位置；从而以实际测得的状态参数为依据，所进行的数值分析、比较，找出相对位置的变化规律，进而对变形状况做出进一步的诊断。

1. 测距法测量车身点与点的距离

测距法可以直接获得定向位置点与点的距离，是最简单、实用的一种测量方法。它主要通过测距来体现车身构件之间的位置状态。

（1）用钢卷尺测量

用钢卷尺测量孔的中心距时，可从孔的边缘开始测量，以便于读数，如图4-14（a）所示。但应注意：当两孔的直径相等且孔变形为忽略不计的程度时，可以孔的边缘间距代替中心距，即$A=B$，如图4-14（b）所示；但当两孔的直径不同时，中心距$A=B+（R-r）$或$A=C-（R-r）$，如图4-14（c）所示。

（2）测距尺的测量

测距尺的测头为锥形结构，按图4-15（a）所示的方法使用，可以模拟测量孔的中心线，即使两个被测量的孔径不等也不受影响。属于图4-15（b）所示的情形时，也可以比照前述方法从孔的边缘开始测量。

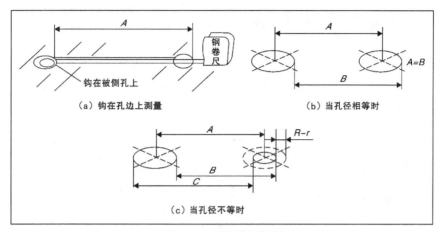

图4-14 用钢卷尺测距

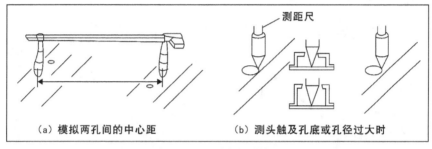

图4-15 用测距尺测量

（3）用测距法进行测量

对于一些发生变形的车架也可以运用测距法进行测量。如图4-16所示，将车架置于平台上，并按一定的高度支稳，用高度尺逐一测量各基准点与平台的垂直距离，就可以分别得出车架垂直方向上的相关参数。

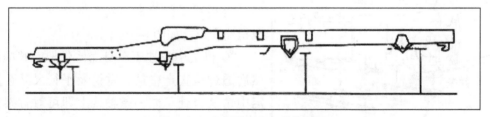

图4-16 车架垂直方向上的测量

有些图纸或技术文件，在没有专用测量架的条件下也可使用测距法来测量，但要先利用三角函数法或勾股定理进行相应的计算，如图4-17所示。

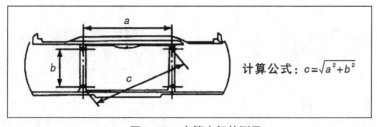

图4-17 水箱支架的测量

2. 定中法判断车身的综合性变形

碰撞破坏经常出现在控制点。在冲击力作用下，通常两个车架边梁同时出现变形。但当车辆侧面撞击时，可能只有直接撞击边梁出现变形。当控制点处没有横梁时，这些点可称为区域。例如前围板区域和后车门区域。把定中规放在控制点上，测量车身的尺寸，可以判断车身或车架的变形程度。

① 当车身或车架与汽车纵轴线的对称度发生变化时，就很难用测距法对变形做出准确的判断，只能用定中法测量车身上的综合性变形，如图4-18所示。但使用中应注意区别具体情况，有针对性地做好对称性调整。否则，也会影响测量的准确性。

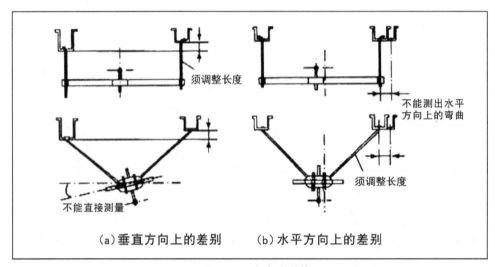

(a) 垂直方向上的差别　　(b) 水平方向上的差别

图4-18　定中法调整

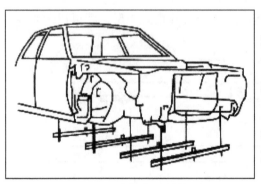

图4-19　车架变形判断

② 将定中规挂于车架的基准孔上，然后通过检查定中销是否处于同一条轴线上，定中规的尺面是否相互平行等来判断车架是否有弯曲、翘曲或扭曲变形，如图4-19所示。

③ 将定中规挂于车身壳体骨架的基准孔上，然后通过检查定中销、垂链及平行尺是否平行，定中销是否处于同一条轴线上即可对骨架变形做出相应的判断，如图4-20所示。

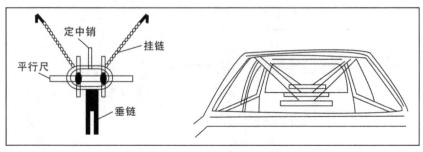

图4-20　车身骨架变形判断

3. 用坐标法测量车身的三维尺寸

（1）坐标法的测量原理

坐标法的测量就是利用车身构件的对称性原则，用测量架采集被测点上 X、Y、Z 三个方向的数据，如图4-21所示。通过用一组平行于 XZ 平面的平行平面截取被测件型面，交线即为所在面的曲线。同理，也可用平行于 YZ 平面的一组平行面测得等距 X 间隔的各截面曲线。将两组测得的曲线组合，即可获得该构件曲面型线的坐标参数，圆滑连接便可形成该构件表面型线的实样测绘图。通过对测量结果对比、分析，车身构件的外观形态就可大致体现出来。

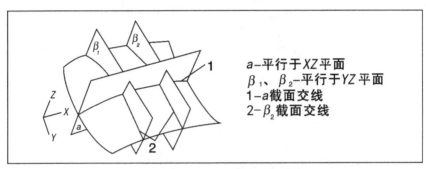

a-平行于 XZ 平面
β_1、β_2-平行于 YZ 平面
1-a 截面交线
2-β_2 截面交线

图4-21 坐标法的测量原理

（2）三维坐标测量方法

① 桥式三维坐标测量方法

测量时可根据需要调整其车身的相对位置，当测量针接触到车身表面时，就能直接从导轨、立柱、测杆及测量针上读出所对应的测量值，如图4-22所示。

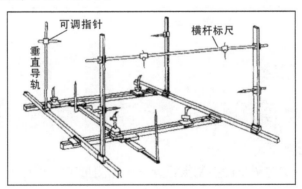

可调指针   横杆标尺

垂直导轨

图4-22 桥式三维坐标测量架

② 专用激光测量台测量方法

测量时光源发出的激光束，经多次透射和反射后，最终可将光点射在各塑料标尺上，指示值即为相应的车身尺寸。测量台上的尺寸测量架还可检测出车身整体方面存在的变形。这种专用激光量台可以和拉拔校正装置配套，真正实现车身修理过程中对修复尺寸的监控（图4-23）。

③ 三坐标测量机测量方法

如图4-24所示，三坐标测量机系统包括多个视觉传感器、全局校准、现场控制、测量软件等几部分。每个视觉传感器是一个测量单元，对应车身上的一个被测点，系统组建时，所有的传感器均已统一到基准坐标系下（即系统全局校准），传感器由系统中的计算机控制。测量时，每个传感器测量相应点的三维坐标，并转换到基准坐标系中，全部传感器给出车身上的所有被测点的测量结果，完成系统测量任务。

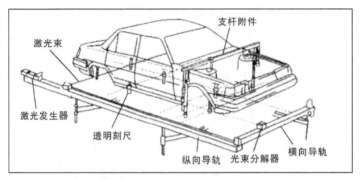

图4-23　专用激光测量台测量方法

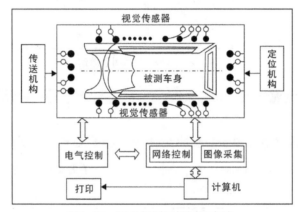

图4-24　三坐标测量机测量方法

三、任务实施

1. 定中规测量车身尺寸

测量任务实施程序如下。

查阅车身尺寸图→确定测量的控制点位置→选择测量工具并安装调试→测量→观察并分析测量结果。

2. 测量前准备

（1）车辆准备

① 选用中性汽车清洁剂清洗车辆。

② 车辆清洗后需要完全干燥。

③ 将车辆开上车身维修校正平台，拉起驻车制动。

（2）测量工具

测量车身底部尺寸使用的工具是定中规。使用前认真检查工具，确认工具完好，如不符合要求，应调整工具。

3. 测量操作

使用定中规诊断车身变形，自有其规律可循。如：定中销发生左右方向的偏离时，可以判断为水平方向上的弯曲；当定中规的尺面出现不平行时，可以判断为扭曲变形；当尺面的高低位置发生错落时，则可以诊断为垂直方向上的弯曲，如图4-25所示。

根据车身尺寸图，选取车身控制点，将定中规悬挂在控制点位置，观察定中销位置，从而判断车身损伤变形情况。各小组分别、反复测量后，比对测量结果，并分析误差产生原因。

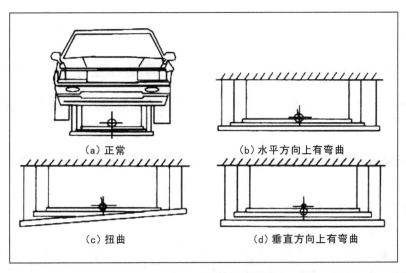

图4-25　变形的评价方法

（1）扭曲变形

车身扭曲变形是最后出现的变形，应首先进行检测。扭曲是车身的一种总体变形，所以只能在车身中段测量，因为在前段或后段的其他变形会导致扭曲变形的测量数据不准确。为了检测扭曲变形，必须悬挂两个定中规，也称2号（前中）和3号（后中）规。2号规应尽量靠近车体中段前端，而3号规应尽量靠近车体中段的后端。然后相对于3号规观测2号规，如果两规平行，则说明没有扭曲变形，否则说明可能有扭曲变形。

当中段内的两个基准规不平行时，需要再挂一个量规。应在未出现损伤变形的车身段上，把1号或4号（后）定中规挂上。当存在真正的扭曲变形时，各量规将呈现出如图4-25（c）所示的情形。

（2）下陷变形

下陷变形是指前围部位发生低于正常位置的一种变形。检测下陷变形需要使用三个定中规。第一个放在前横梁处．第二个放在前围处，第三个放在后轮轴处。如果三个定中规互相平行，而且对中，但中间一个位置较低，说明前围附近有下陷变形，如图4-25（d）所示。

（3）侧倾变形

当车身前段、中段或后段发生侧向变形时，就存在侧倾变形。如图4-25（b）所示，检测侧倾变形需要使用3个定中规。如果碰撞发生在车身前部，则应以位于前围处的2号规和后桥处的3号规为基准规，而把1号定中规悬挂在前横梁处。如果1号规的定中销与其他两规的定中销不在一条直线上，则说明有前部侧倾变形，否则没有侧倾变形；如果车身后部被撞，则定中规所显示出的变形状况与前部侧倾变形相似，只是后部定中规上的定中销偏离中线。

各小组分别测量，并记录测量结果，全部结束后，比较、分析测量数据，找出误差原因。

4．利用米桥式机械通用测量系统测量车身壳体表面尺寸

（1）测量任务实施程序

查阅车身尺寸图→确定测量的基准点位置→安装调试测量系统→测量→读取并记录测量数据。

（2）测量前准备

① 车辆准备

● 选用中性汽车清洁剂清洗车辆。
● 车辆清洗后需要完全干燥。
● 将车辆开上车身维修校正平台，拉起驻车制动。

② 测量工具

测量车身壳体表面尺寸使用的是米桥式机械通用测量系统。使用前认真检查工具，确认工具正常，测量前应对测量系统进行定位、安装，安装时必须保证系统导轨中心线与车身中心线重合。

（3）测量操作

在车身校正维修平台上进行测量操作。安装米桥式测量架时，应根据车身尺寸图，确定车身中心线，保证系统导轨中心线与车身中心线完全重合。测量时，根据车身尺寸图，选取车身对称位置的基准点，移动测量杆、测量针，当一侧测量杆上的测量针轻轻接触到车身表面即可，此时应停止移动测量针，否则会划伤车漆。读取测量结果，并记录。再测量另外一侧对应位置的尺寸数据。各小组分别进行测量，并测量车身前、中、后壳体表面尺寸，记录

测量数据。全部结束后，比较、分析测量数据，找出误差原因。

5．利用麦弗逊撑杆式测量仪测量滑柱座位置尺寸

（1）测量任务实施程序

查阅车身尺寸图→确定测量的控制点位置→选择测量工具并安装调试→测量→观察并分析测量结果。

（2）测量前准备

① 车辆准备

- 选用中性汽车清洁剂清洗车辆。
- 车辆清洗后需要完全干燥。
- 将车辆开上车身维修校正平台，拉起驻车制动。

② 测量工具

测量滑柱座位置尺寸使用的工具是麦弗逊撑杆式测量仪。使用前认真检查工具，确认工具完好，如不符合要求，应调整工具。

（3）测量操作

将撑杆式自定心测量仪安装在麦弗逊滑柱座上，通过吊规来调整水平高度和基准高度。

通过将上表盘横杆与前围板区域瞄准和将下横臂与第二个基准仪器瞄准读取仪器水平尺寸。测量宽度尺寸时，将仪器安装在上横臂和轨道上，将下横臂中心线的瞄准销瞄第二号仪器的中心瞄准销。

各小组分别测量，并记录测量结果，全部结束后，比较、分析测量数据，找出误差原因。

6．利用电子测量系统测量车身底盘尺寸

（1）测量任务实施程序

确定待测量车辆信息并举升车辆→安放测量横梁→系统连接→进入主程序→选择测量模式→测量操作→观察记录测量结果。

（2）测量前准备

① 车辆准备

- 选用中性汽车清洁剂清洗车辆。
- 车辆清洗后需要完全干燥。
- 将车辆举升到一定高度，将测量横梁安放到车身下部、要求车身下部的最低点距离横梁下平面为30～40cm，并且使测量横梁的前方与车辆前方一致，横梁支架要牢固，车辆举升位置稳定。

② 测量工具

测量车身底盘尺寸使用的设备是超声波测量系统。使用前认真检查设备，确认其完好。

测量横梁安放高度应与车辆举升的高度相协调，以保证超声波发射器发出的超声波能够被接收器所收到。安装超声波发射器时，应选取正确的适配器并按照正确操作规程进行。

（3）测量操作

车辆举升后，安装好超声波接收器，打开控制电脑，进入系统程序，选择所测量车型相关信息，进入程序主页面。首先选择测量基准点，根据基准点信息，选择相应的发射器适配器，通过系统提供的位置图片信息，在车身底盘上找到基准点位置，安装超声波发射器；选取参考点并安装超声波发射器；选取测量点并安装超声波发射器；开始测量，如果基准点及参考点位置不符合要求。应先进行修复，再进行下一步测量。

选取某一轿车，对相同测量点，各小组分别、反复测量，并记录测量结果。全部结束后，比较、分析测量数据，找出产生误差的原因。

项目五 事故车碰撞损伤分析与评估

任务一 车架式车身碰撞变形评估

一、任务分析

车架式车身碰撞变形是评估车身维修中不可缺少的重要环节之一。它可评估汽车碰撞程度，汽车碰撞严重不仅会造成车身外部构件损坏，而且会造成车身内部构件损坏，所以准确评估汽车车身的整体结构是否受到碰撞冲击的影响，特别是汽车车身前部、后部是否受到影响，准确评估车身碰撞变形，对制定碰撞修复方案非常重要，所以要懂得车身碰撞变形的评估知识。

二、相关知识

1. 车身碰撞力分析

（1）直接碰撞力

汽车碰撞时所受力的大小与其运动状态、碰撞体的形式、碰撞持续的时间、碰撞后的运动状态等有很大的关系。在碰撞发生后可以根据动能守恒原理和作用力与反作用力原理，对主动碰撞车辆或被动碰撞车辆所受的撞击力进行大致的估算。下面以主动碰撞车辆为例进行讨论。

汽车行驶本身是积聚了一定能量的，当撞击发生时，运动能量会全部或部分转换成冲击能量，使车身构件在吸收这一能量的过程中产生变形。车辆在以一定的速度行驶时，其运动能量（W）的大小与车辆的总质量（m）和当时的运动速度（v）的平方成正比，即

$$W = \frac{mv^2}{2}$$

式中　W——运动能量（J）；

m——车辆的总质量（kg）；

v——车辆行驶速度（m/s）。

由上式可以看出.一辆汽车，其总质量越大，行驶的速度越高，其积聚的运动能量也越大。在发生碰撞事故时，车辆以一定的速度行驶，这个速度称为初速度，以$v_初$表示，由于碰撞使车速迅速降低，碰撞后的车速称为末速度，以$v_末$表示，则在碰撞中转为冲击能量的动能为

$$W = \frac{mv_初^2 - mv_末^2}{2}$$

式中　W——碰撞中转化为冲击能量的动能（J）；

　　　$v_初$——车辆初速度（m/s）；

　　　$v_末$——车辆末速度（m/s）；

　　　m——车辆总质量（kg）。

碰撞力的大小除与车辆所具备的动能有关外，还与碰撞持续的时间、被碰撞物体所具备的总质量和速度、发生碰撞后车辆的运动状态以及两相撞物体吸收动能的能力等因素有关。发生碰撞后其撞击力可由下式计算：

$$P = \frac{m(v_初 - v_末)}{t}$$

式中　P——发生碰撞后的撞击力（N）；

　　　t——相撞持续的时间（s）；

　　　m——车辆总质量（kg）；

　　　$v_初$——车辆初速度（m/s）；

　　　$v_末$——车辆末速度（m/s）。

由以上分析可知：

若车辆与固定刚性体（如建筑物等）发生碰撞，因固定刚性体的总质量可以设为无穷大，碰撞不会产生位移且吸收能量很小，所以车辆碰撞时的车速将在瞬间降为零，则

$$P = \frac{mv_初}{t}$$

式中，P、m、$v_初$、t含义与上式相同。由于其碰撞能量将尽数为车辆本身所吸收，对车辆的损伤最大。

若车辆与非固定体（如运动或静止的车辆）相撞，需要具体情况具体分析。如果与相对运动的物体相撞（对撞），且碰撞后两物体的运动速度为零，则有

$$P = \frac{(m_1v_1 + m_2v_2)}{t}$$

式中　m_1、m_2——相撞两物体的质量（kg）；

　　　v_1、v_2——碰撞时两物体的速度（m/s）；

　　　P——发生碰撞后的撞击力（N）；

　　　t——相撞持续的时间（s）。

可见碰撞力也非常大，对车辆的损伤会很严重；但与同向运动的物体发生碰撞（追尾）时，由于被追尾车辆获得一定的能量产生加速度，吸收了部分动能，追尾车辆也不会因碰撞

而停止，还会以一定的速度行进，所以碰撞力将会很低，造成的影响不会像与固定刚性体碰撞那样严重。所以，如果车辆以相同的条件行驶，对撞对车辆的影响最大。

以上是以车辆正面碰撞为例做出的分析，车身从不同的结构角度上受到其他载荷的冲击时，也有如上所述的性质，可以仿此进行分析。

由于碰撞所造成的车身损伤程度，虽然主要取决于碰撞力，但车身着力点的状况也对车身损伤起决定性的作用。在其他条件等同时，如果车身以其一个平面与另外一个平面物体相撞，那么此时车身所受到的损伤将比车身以较小的端面与另一个非平面（如柱子、墙角等）物体相撞时的损伤小，如图5-1所示。

图5-1（a）所示为车辆与一堵墙正面相撞。因车辆正面面积较大且墙面平直，所以撞击力以均布载荷的形式作用于车身，总体作用力虽然很大，但由于平面均匀分配后对车身的影响减小很多；图5-1（b）所示为车辆与柱状体相撞，虽然其总体作用力与图5-1（a）所示的车辆相同，但由于力的作用面积小，所以引起的损伤比前者要严重得多。

应当说明的是，上述的分析是在假定车辆未采取任何减速措施的情况下进行讨论的，且认为

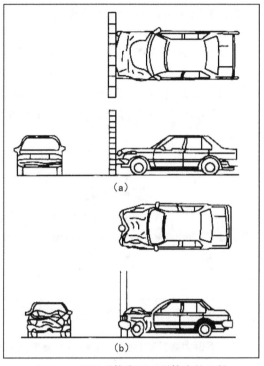

(a)

(b)

图5-1 相同碰撞力不同碰撞点的比较

车辆的末速度也完全是由于碰撞力而造成的。但在实际事故发生时驾驶员往往会采取一定的制动和避让等措施，使车辆在碰撞时的运动速度已经降到了一个比较低的水平，其原来具备的较大的运动能量大部分会消耗在制动所造成的摩擦中，这样相撞时的运动能量就变得比较低了。碰撞发生后，车辆的运动末速度也会受制动的影响。另外，碰撞时被撞物体会获取能量而产生加速度，并可能有较大的变形而吸收了部分能量，加上碰撞持续的时间难以确定等因素，所以，上面的公式只可对碰撞力进行分析使用，并大致估算碰撞力的大小，并不能准确地计算车辆的实际受力，但这对车辆的损伤诊断已经足够了。

（2）其他力的分析

车辆在碰撞时，直接碰撞力是主要因素，对车身的损伤也最大最直接，但由于碰撞而产生的其他力，如惯性力等也同样对车身造成巨大的影响，下面简单进行分析。

① 惯性力

车辆在行驶时具备一定的惯性力。车上搭载的发动机、变速器等总成以及车上的乘客、货物等，与车辆一同行驶，也具备一定的惯性力。在碰撞发生时，除碰撞力对车身造成损伤外，车辆自身和负载由于惯性作用对车身同样具有冲击力，会造成二次冲击损伤，这种由惯性力对车身造成的损伤同样是非常严重的，在进行碰撞分析诊断时尤其不能忽视。

图5-2所示为发生碰撞时，车辆由于自身的惯性作用而造成的变形情况。汽车与一固定刚性体相撞，车速瞬间降为零，此时车身整体在惯性作用下有一个向前翻转的趋势，车身后部腾起，之后又重重跌落。车身某些强度薄弱的地方经受不住后部巨大的惯性转矩和跌落时的冲击会发生较大变形，车顶后部上翘，车辆后地板弯曲，后翼子板等均有不同程度的破坏。

图5-3所示为车辆上的乘客和货物在惯性作用下对车身产生的二次冲击。此类冲击会影响到车顶、行李舱盖、仪表台、前风窗玻璃、车内座椅、饰件等。

除上述情况外，车载总成等也会由于惯性作用而对车身造成损伤。以前置发动机前轮驱动车辆为例，发动机总成与传动系统以一个整体固定于车身上，总质量几百千克。

如此之大的质量在与车辆一同高速行驶时积聚了很高的动能。当发生正面碰撞时，车身的速度很快下降，而这两个总成由于惯性仍然前冲，由此产生巨大的力会对支撑连接部位造成撕裂并发生位移，影响到整体的定位参数。

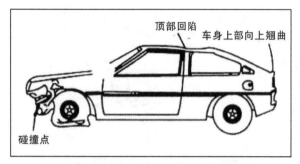

图5-2　车辆自身由于惯性力作用而变形

图5-3　车上乘员和货物对车辆的二次冲击

② 下砸力

这个力多来自于车辆与非固定物体的碰撞。车辆与一个非固定物体相撞时，如果被碰撞物体质量较小且质心较高，而车辆碰撞点位于该物体质心的下方，此时，被撞物体在惯性作用下会向车辆翻倒并可能滚过车身的整个上部，对车身的上部非直接撞击部位造成砸伤。如图5-4所示，车辆与一较高的非固定柱状物体相撞，车辆前部承受直接撞击，发动机舱盖在承受撞击力时已经发生较大的变形，当该被撞物体向车辆翻倒时，发动机舱盖又承受了第二次的下砸力，则其变形更加复杂。

图5-4　二次碰撞（下砸力）的产生

（3）力的合成与分解

理论和实践都证明，同时作用在物体上同一个点的两个力可以合成为一个力，在力学上称为"合力"。其中合力的作用点不变，其大小和作用方向（作用线）为以这两个已知的力为相邻边所作的平行四边形的对角线，该对角线的长度为合力的大小，对角线的方向为合力的作用方向，这个法则称为力的平行四边形法则。如图5-5所示，作用于物体上A点的两个已知力F_1和F_2的合力R，可以用向量式表示如下：

$$R=F_1+F_2$$

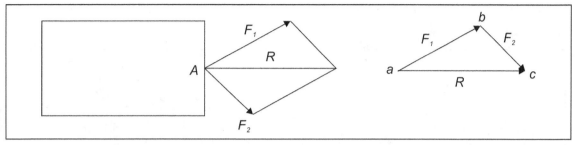

图5-5　力的合力

即合力R等于分力F_1与F_2的向量和。

同理，应用力的平行四边形法则可以将作用于同一个点的多个力进行向量求和，也可以将一个力按照已知的方向分解为作用于同一点的两个或多个力。如图5-6（a）所示，欲求作用力F沿物体边框方向作用的两个分力F_1、F_2和R的大小。只要以F为对角线，以已知的两条边的方向为平行四边形的两边做出平行四边形，则可得出沿边框方向作用的两个分力的大小。

汽车在碰撞时碰撞力为一个力，且一般都与车身呈一定的角度，如图5-6（b）所示。在这种情况下，碰撞力的作用线是一个空间结构，它不能向内延伸，碰撞力只有沿着车辆的板件或构件结构传递。在这个例子中，力F被简单地分解为沿板件方向传播的3个分力X、Y、Z，即垂直分量Z、水平纵向分量X和水平横向分量Y。在已知力F的大小（向量长度）、作用点O和3个分量的坐标轴夹角α、β、γ的情况下，3个分力可由以下公式求得：

$$X=F\cos\alpha$$
$$Y=F\cos\beta$$
$$Z=F\cos\gamma$$

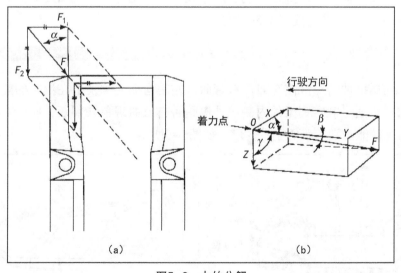

图5-6　力的分解

以前车身的碰撞事故为例（图5-7），如果碰撞力与水平方向呈α角作用于前翼子板上的点A时，则力$A'A$可分解为垂直方向AB和水平方向AC的两个方向上的力，如图5-7（a）所示。若碰撞力$A'A$以侧向角β作用于A点，水平、垂直两个方向均与车身构件形成一定的夹角时，则力沿3个方向分解。其中，AE的分力向内，将翼子板前端推向散热器上架及发动机舱盖；AC分力向后，将翼子板前端推向中间车身；AB分力向下，将翼子板前端推向前车身下部，如图5-7（b）所示。

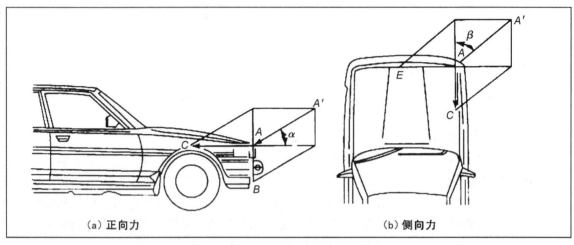

（a）正向力　　　　　　　　　　　　　　（b）侧向力

图5-7　前车身承受冲击力的分解案例

从以上的例子可以看出，通过对车辆碰撞点的受力情况进行分析，可以很快地找到车身损伤的受力传递路线，沿着这条路线可以发现距离碰撞点较远的地方的损坏情况。用受力分析的方法对车身进行损伤检查是非常全面的，它可以指导我们对一些重点部位进行必要的检测，不会只局限在碰撞损伤点周围而忽视非常重要的部位。

2. 车架式车身碰撞变形类型

由于该车碰撞受损严重，多处严重变形，较深位置也有变形，如发动机舱、乘员舱、后备厢等，如图5-8所示。主要变形有5种类型。

（1）左右弯曲

从一侧来的碰撞冲击经常使车架左右弯曲。左右弯曲通常发生在汽车的前部、中部或后部。上下弯曲可以通过观察钢梁的内侧或外侧是否有皱曲现象来判断，此外，根据车身和车顶盖的错位情况都能辨别车架的左右变形，如图5-9所示。

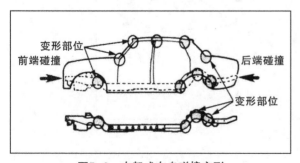

图5-8　车架式车身碰撞变形

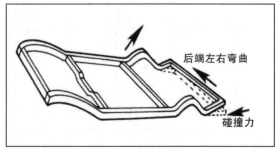

图5-9　左右弯曲示意图

（2）上下弯曲

车架上下弯曲后，车身外壳表面会比正常位置低，结构上有后倾现象。上下弯曲一般是由前方或后方直接碰撞引起的，判断上下弯曲变形可以查看挡板与门之间的缝隙是否存在顶部变窄、下部变宽的现象，如是则有上下弯曲存在。车门撞击后下垂也是车架上下弯曲的表现之一。上下弯曲是交通事故车辆常见的损伤，如图5-10所示。

（3）断裂损伤

车架断裂损伤，通常表现为发动机罩前移或车窗后移。有时，车门可能吻合得很好，看上去没有受什么影响，但在挡板、车壳或车架的拐角处会有皱褶，在车轮挡板圆顶处，车架会向上提升，如图5-11所示。

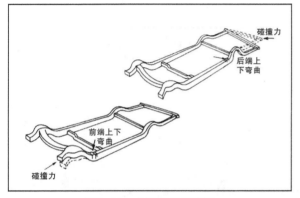

图5-10 上下弯曲示意图

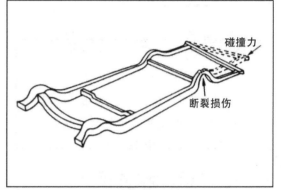

图5-11 断裂损伤示意图

（4）菱形变形

汽车的一角受到来自前方或后方的撞击时，导致车身及车架歪斜，使其形成一个接近于平行四边形的形状，统称为"菱形变形"。发生"菱形变形"的轿车，发动机罩盖及后备厢盖发生错位，车顶部可能出现皱褶，其他地方还会有许多断裂及弯曲组合的损伤，如图5-12所示。

（5）扭转变形

当汽车在高速下撞击到路缘或隔离墩时就可能发生车架的扭转变形。受此损伤后，汽车的一角会比正常情况高，与之相对的另一角则比正常的低。在后侧角端受碰撞时，也会产生扭转变形，如图5-13所示。

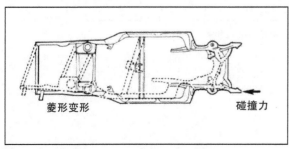

图5-12 菱形变形示意图

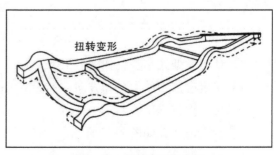

图5-13 扭转变形示意图

3. 车架式车身碰撞变形评估方法

车架式车身碰撞损伤发生的次序为左右弯曲、上下弯曲、断裂损伤、菱形变形、扭转变形。车身、车架的调整最主要的准则是颠倒方向和次序。即在校正一辆车的碰撞损伤时，对损伤部位的拉拔操作必须按与碰撞相反的方向进行，车身修复也必须按照与碰撞相反的顺序进行。

车架的变形还可以通过比较检查车身车门槛板与车架前后部之间的空间及前翼子板与前后轮毂之间的空间尺寸得出。检查前车架变形时，还要比较前保险杠的后孔到前车架钢梁总成之间左右尺寸的大小。

三、任务实施

1. 设备、工具和材料准备

① 一辆碰撞变形的车架式轿车。
② 车身举升机、钢卷尺及必要的拆装工具。
③ 安全防护用品：工作帽、工作服、安全鞋、棉手套等。
④ 对应车型的维修手册。

2. 技术标准及要求

应全面、准确地确定汽车所有碰撞损伤。

3. 任务内容

① 汽车碰撞诊断基本步骤，如图5-14所示。

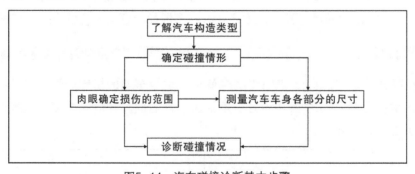

图5-14　汽车碰撞诊断基本步骤

② 认识车架式车身，如图5-15所示。
③ 确定碰撞力的大小和方向，如图5-16所示。
④ 确定损伤程度。
⑤ 检查损伤，如图5-17所示。

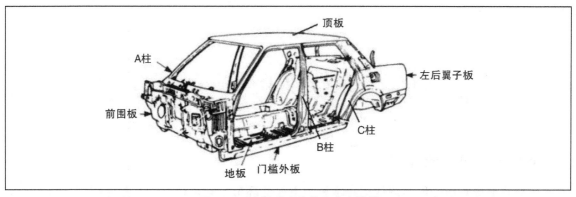

图5-15　车架式车身的主车身结构

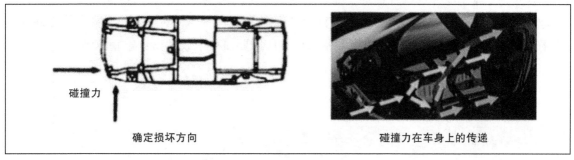

图5-16　确定碰撞力的大小和方向

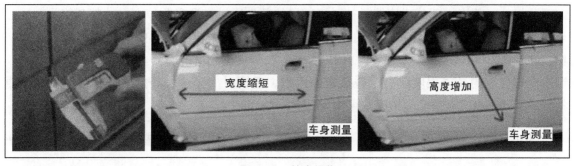

图5-17　检查损伤

4. 制定维修方案

① 维修方案制定原则。

② 制定维修方案，如图5-18所示。

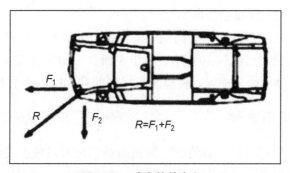

图5-18　确定拉伸方向

任务二　承载式车身碰撞变形评估

一、任务分析

承载式车身碰撞变形是评估车身维修中重要的环节，它可评估汽车碰撞程度。汽车碰撞严重不仅会造成车身外部构件损坏，而且会造成车身内部构件损坏，所以准确评估汽车车身的整体结构是否受到碰撞冲击的影响，特别是汽车车身前部、后部是否受到影响，准确评估车身碰撞变形，对制定碰撞修复方案非常重要，所以要懂得承载式车身碰撞的评估知识。

二、相关知识

1. 承载式车身碰撞对汽车的影响

承载式车身也称整体式车身，车身壳体由薄钢板连接而成，在碰撞时，车身壳体能吸收大部分振动。其中一部分碰撞能量被碰撞区域的部件通过变形吸收掉，另一部分能量会通过车身的刚性结构传递到远离碰撞的区域，这些被传递的振动波引起的车身损伤称为二次损伤。通常此类损伤会影响承载式车身的内部结构或被撞击相反的一侧。

汽车碰撞的受损程度取决于碰撞面的面积、碰撞时的车速、碰撞的对象以及汽车的重量。承载式车身汽车碰撞损伤大致可分为以下几种。

（1）汽车前端碰撞变形

对于较轻的碰撞而言，保险杠会被向后推，前侧梁、保险杠支撑、前翼板、散热器支座、散热器上支撑和机罩锁紧支撑等也被折曲。

如果碰撞的程度剧烈，那么前翼板就会弯曲而触到前车门，机罩铰链会向上弯曲至前围上盖板，前侧梁也会折弯到前悬架横梁上并使其弯曲，如图5-19所示。如果振动足够大，前挡泥板及前车门支柱将会弯曲，并使前门松动掉下。另外，前侧梁会发生折皱，前悬架构件会弯曲，前围板和前车门平面也会弯曲。

如果正面的碰撞从某一角度而来，前侧梁的连接点就会成为旋转中心或旋转面，并发生侧向的和垂直方向的弯曲，如图5-20所示。由于左面和右面的前侧构件通过前横向构件连接在一起，碰撞引起的振动就会从碰撞点传递至另一侧的前部构件并引起变形。

（2）汽车后端碰撞变形

如果碰撞得较轻，后保险杠、后地板、后备箱盖及地板可能会变形，相互垂直的钢板也会弯曲；如果碰撞得很厉害，后顶盖侧板会塌陷至顶板底面。而对于四门汽车，中心车身支柱也可能会弯曲。碰撞能量因这些上部结构的变形及后侧梁的上弯而被吸收。

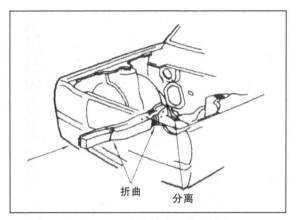

图5-19　汽车前端碰撞变形

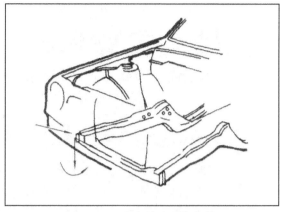

图5-20　汽车前端碰撞弯曲

（3）汽车侧面端碰撞变形

确定车辆侧面碰撞损坏时，分析汽车的构造十分重要。车辆是两门车还是四门车，普通顶车还是硬顶车，车门有无侧向防撞杆，车辆的中心立柱（B柱）的结构和主车地板的结构等都会对车辆的侧向防撞能力造成不同的影响。因为车辆发生侧向碰撞时，碰撞力必须被强度很高的构件抵抗住并将碰撞力分散到车身整个侧板才能有效保护乘员空间。因此，这部分车身构件一般都设计制造得非常坚固，没有碰撞吸能区。为了提高车辆的侧向防撞能力，现代车辆一般都在车门内侧配有防撞杆，B柱采用三层加强结构。

对于严重的碰撞，车门、前部构件、中心车身支柱以及地板都会变形。当前翼板或后顶盖侧板受到垂直方向上较大的碰撞时，振动波会传递到汽车相反一侧。当前翼板的中心位置受到碰撞时，前轮会被推进去，振动波也会从前悬架横梁传至前侧梁。这样，悬架元件就会损伤，前轮的中心线和基线也都被改变。由于侧向的碰撞，转向装置的连杆和转向齿轮、齿条也将被破坏变形。

（4）顶部碰撞变形

坠落物体损坏的不仅仅是车顶钢板，而且车顶侧梁、后顶盖侧板以及车窗也可能同时被损伤。

如果汽车倾翻之后，车身支柱和车顶钢板已经弯曲，那么相反一端的支柱同样也会损坏。车身的前部及后部部件也可能损坏。汽车的损坏程度可通过车窗及车门的变形来确定。

在碰撞的瞬间，碰撞的力量试图使汽车的结构缩短，从而引起中部车身横向及垂直方向的弯曲变形，而且碰撞力以冲击波的形式开始向撞击点以外的区域扩散。但略有弹性的刚性车身结构力图使车身保持原来的形状，变形并没有马上产生。随着碰撞的持续作用，在碰撞点上和前部的碰撞缓冲区就会产生显著的挤压而导致变形和断裂，碰撞的能量被结构的变形吸收，保护乘员舱。同时冲击波加剧扩散，其他区域也出现皱褶、断裂和松动。如果碰撞的能量足够大，将引起中央车身向外鼓起变形，以保护乘客不受伤害，车门能够顺利打开。

承载式车身的损坏类型和损伤顺序一般为：弯曲变形、断裂、扭转变形和增宽损坏。

2．承载式车身碰撞变形类型

承载式车身的损坏类型和损伤顺序一般为弯曲变形、断裂损伤、增宽损伤、扭转变形等。

（1）弯曲变形

弯曲变形（图5-21）分为左右弯曲变形和上下弯曲变形。

从一侧来的碰撞冲击经常会引起车身的左右弯曲或一侧弯曲。左右的弯曲通常发生在汽车的前部或后部，一般可通过观察车辆一侧明显的碰撞损伤、车门等板件与周围板件的缝隙及高度的变化、车身和车顶的错位等来判断。

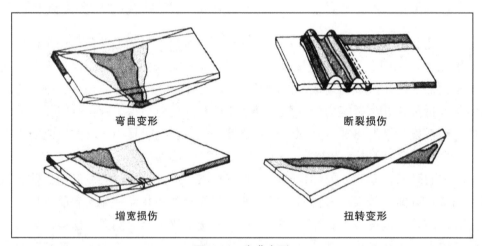

弯曲变形　　　　　　　　　　　　　断裂损伤

增宽损伤　　　　　　　　　　　　　扭转变形

图5-21　弯曲变形

上下弯曲是碰撞中最常见的一种损伤，一般由前方或后方的直接碰撞引起，可能发生在汽车的一侧也可能是两侧，基本现象是车身有倾斜或离地间隙不一致。可以通过查看车门的缝隙是否在顶部变窄、下部变宽，车门在撞击后是否有下垂等来判断。

（2）断裂损伤

当碰撞过程持续进行时，在碰撞点上就会产生显著的挤压，如图5-21所示。这样碰撞的能量被结构的变形吸收以保护乘坐室，离中心点较远的部位可能会产生皱折、断裂或松动。断裂损伤通过测量其长度是否超出配合公差来判别，它与传统车架式车身的断裂损伤相似。

（3）增宽损伤

设计良好的整体式车身结构，传到乘坐室的碰撞力会使侧面结构弯曲偏离乘客而不是向内侧挤压，同时侧梁变形，车门的缝隙增宽。增宽损伤与车架式车身上的左右弯曲变形相似，通过测量其高度和宽度是否超出配合公差来判别，如图5-21所示。

（4）扭转变形

当轿车高速撞击到路沿或道路的中央隔离墩时，可能导致扭转变形。发生扭转变形以后汽车的一角通常较正常位置高或低，未撞击一侧的情况与撞击一侧相反。即使最初的碰撞直接作用于中心点，但再次的冲击还是能够产生扭转力的，从而引起车身的扭转损坏。整体式车身的扭转变形与非承载式车身车架的扭转变形相似，通常是最后的碰撞结果，通过测量其高度和宽度是否超出配合公差进行判别，如图5-21所示。

发生在非承载式车身和承载式车身上的损伤类型是极为相近的，尽管后者可能更为复杂。但要注意：剧烈的碰撞在整体式车身上不会引起菱形变形。如同非承载式车身的车架的调整一样，采用先进后出的原则，首先校正最后发生的损伤，也是修复承载式车身的最佳方法。间接损伤通过精确的测量才能确定。

3. 碰撞损坏的分析、评估

汽车碰撞严重不仅会造成车身外部件损坏，而且会造成内部构件损坏，因为碰撞冲击力较大。对于这些碰撞最主要的是要检查汽车车身的整体结构是否受到碰撞冲击的影响，特别是汽车车身的前部、后部是否受到影响。

（1）汽车前部碰撞分析、评估

汽车前部碰撞发生的概率很高，因此在汽车前部设置了一系列的防碰撞结构，熟悉防碰撞结构对分析、评估汽车碰撞损坏是非常重要的。

如图5-22所示，高级轿车前部防碰撞横梁与纵梁之间有一个连接件。连接件与横梁、纵梁都采用螺栓连接，拆卸方便。车身横梁主要吸收冲击能量，在汽车发生碰撞时，碰撞冲击力使车身横梁弯曲变形。

图5-22　轿车前部防碰撞横梁

① 车身前部横梁结构与连接

车身前部横梁一般采用螺栓连接，如图5-23所示，车身前部横梁用螺栓与车身纵梁连接件垂直连接。车身前部横梁一般用铝合金制造，车身前部横梁与车身纵梁之间有一个方形连接件，方形连接件与车身纵梁也采用螺栓连接。

车身前部横梁右边也采用螺栓连接，车身前部横梁右边上的孔是安装拖车挂钩用的，车身前部横梁通过一个连接板与车身纵梁连接，如图5-24所示。

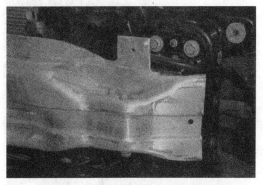

图5-23　车身前部横梁左边连接结构

图5-25所示为车身前部横梁、连接件与车身纵梁连接情况，连接件与车身纵梁也采用螺栓连接（垂直方向）。

图5-24　车身前部横梁右边连接结构

图5-25　车身前部横梁、连接件与车身纵梁连接情况

纵、横梁连接件端部与水箱支架装配成一个整体，如图5-26所示，水箱支架是前部重要构件，它的安装质量将影响车身前部各相关构件的安装质量。

纵、横梁连接件采用螺栓与车身纵梁连接板连接。高级车型（奥迪）车身纵梁连接板与车身纵梁的连接情况如图5-27所示，由图可知，螺栓连接部位没有调整间隙，因此对于这样的连接结构，若车身纵梁碰撞后变形，则必须校正车身纵梁。如果位置不正确，那么无法安装水箱支架等构件。

图5-26　纵、横梁连接件端部与水箱支架装配成一个整体

图5-27　车身纵梁连接板与车身纵梁的连接情况

图5-28所示为纵、横梁连接件与车身纵梁的连接情况。这个纵、横梁连接件采用螺栓与车身纵梁连接，当碰撞冲击力超过螺栓所能承受的横向剪切力时，螺栓就会弯曲变形，直到折断，碰撞冲击能量不能直接传递给其他车身构件。

图5-29所示为纵、横梁连接件与水箱支架的连接情况，水箱支架是一个重要构件，它与车身前部的多个构件连接，其连接方法可以查阅技术文件。

图5-30所示为纵、横梁连接件与水箱支架的装配位置，它处于车身横梁与车身纵梁之间，碰撞冲击能量可在这里得到吸收和缓解。

② 车身前部横梁碰撞损坏分析、评估

若汽车碰撞损坏不十分严重，应称为汽车碰撞轻微损坏。汽车车身前部碰撞损坏常局限于车身横梁，一般车身纵梁不会损坏。为什么这里不能给出一个更准确的评估方法呢？这是因为汽车碰撞是很复杂的，汽车碰撞的障碍物可能

图5-28　纵、横梁连接件与车身纵梁的连接情况

是固定障碍物，也可能是活动障碍物。两辆碰撞汽车的车型不同，碰撞损坏产生的变形也不同，不同车型结构所能承受的碰撞冲击能量也会不一样，因此在评估汽车碰撞时，了解碰撞时的车速、车型、自重、碰撞路线、碰撞部位等是十分有价值的。

图5-29　纵、横梁连接件与水箱支架的连接情况

图5-30　纵、横梁连接于水箱支架的装配位置

（2）汽车车身侧面碰撞损坏的分析、评估

汽车碰撞以后进入汽车修理厂，车身修复人员与检验员、保险人员对汽车车身进行分析、评估。可以按图5-31所示的程序进行汽车碰撞的分析、评估。谈到汽车车身构造类型，主要是指汽车车身是否是整体式车身，汽车是否是发动机前置、前轮驱动的设置结构。

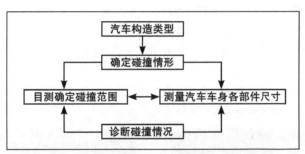

图5-31　汽车碰撞分析、评估内容和程序

① 汽车车身侧面碰撞严重损坏的变形特点和损坏分析

若汽车车身侧面碰撞严重，则一般会使直接碰撞点（即汽车车身中部）向里弯曲变形（这里主要是指整体式车身结构），汽车前后会产生与汽车中部方向相反的变形。这些部位的损坏变形程度与碰撞位置、碰撞冲击力的大小、碰撞物重量等因素有关。对车身测量控制点尺寸进行测量，测量结果可以作为分析、评估汽车碰撞严重程度的重要依据。

对于具体案例汽车，查找相关资料，得到车身测量控制点尺寸，如图5-32所示，车身底部前桥固定点与后桥固定点之间距离d为（1658±2）mm，车身底部前桥固定点与后桥固定点对角线距离e为（1867±2）mm。对这些尺寸进行测量，判断汽车碰撞后的变形情况。

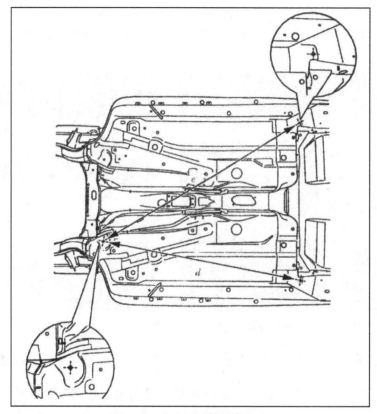

图5-32　车身测量控制点尺寸

② 目测汽车车身碰撞产生的损坏情况

如图5-33所示，目测汽车损坏情况，发现汽车损坏十分严重。一般汽车碰撞固定障碍物，汽车车身表面会有明显的碰撞痕迹，有的汽车碰撞表面不一定显示，如这个案例的碰撞损坏，需要仔细检查汽车的损坏情况，特别是检查汽车车身的重要测量控制点的尺寸是否变化。对于此案例汽车，首先应仔细检查汽车中部尺寸是否变化。

对汽车车身也应仔细检查，其中检查汽车车身构件之间的缝隙是一个方便可行的方法。如图5-34所示，后备厢盖与车身左边翼子板之间的缝隙挤压在一起。

图5-33　目测汽车损坏情况

图5-34　后备厢盖与车身左边翼子板之间的缝隙

如图5-35所示，后备厢盖与车身右边翼子板之间的缝隙明显不均匀，接近车身C柱部分已没有缝隙，而汽车后灯与后备厢之间的缝隙明显不均匀。

③ 查阅技术文件，对照检查

在技术文件中可以找到这些构件之间的技术参数。如图5-36所示，后备厢盖与后灯、翼子板之间的间隙为3mm，后备厢盖与后保险杠之间的间隙K为5mm，后灯与后保险杠之间的间隙D为2mm。车身修复人员可以根据这些技术参数进行测量，并结合目测情况进行分析、评估。

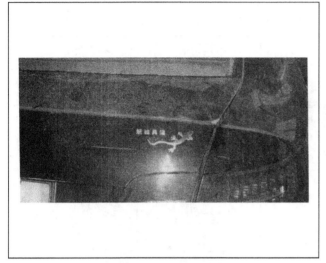

图5-35　汽车车身后部缝隙明显变形　　　　　　图5-36　技术参数

车门间隙是否正常，车门开闭是否灵活，车门是否能按照要求停在规定位置等都可以用来判断汽车碰撞损坏情况。车门通过车身门柱连接，车身侧围框架结构是否变形将会直接影响车门的上述情况。在车身修复过程中，维修技师常用试装车门的工艺手段并结合测量构件之间相对位置和间隙，来检验车身框架结构的校正修复情况，如图5-37所示。

图5-37　车门间隙

车身修复人员了解汽车车身结构及这些结构的防碰撞理念是很重要的。一般车身构件有外板，为了加强车身结构的刚度，还设置有内板，即加强板。如图5-38所示，A-A是一个盒子形结构，为了加强刚度，在A-A盒子形结构的内部空间还充满泡沫添加剂。在修复这些部位时，如果将泡沫加热到500℃，那么可以用刮刀去掉。A-A为车顶框架内护板，B-B为柱内护板，C为泡沫填充位置，图中位置C处是车身侧围框架结构的上横梁与车身B柱的接头，一般横向支撑的刚度比较弱，因此常采用充满泡沫的工艺手段来提高此处接头的强度。

④ 确定汽车车身整体框架结构是否受到碰撞的影响

在汽车碰撞十分严重的情况下，维修技师常常将汽车放在具有校正整体测量控制点的测量设备上，经测量确定汽车整体结构和测量控制点完全符合要求以后，才能进行汽车车身的局部整形和校正。

通过相关资料可以查到有关重要测量控制点的尺寸，如图5-39所示，后门车身C柱之间距离e为（1433±2）mm，车门高度f为（1032±2）mm，车身B柱与C柱之间距离g为（940±2）mm。对两个车身C柱之间距离应进行测量。对车门高度以及车身B柱与C柱之间距离，可以测量后试装车门，保证车门与门框间隙均匀并符合技术要求。

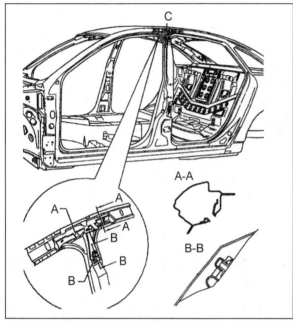

图5-38　车身侧围结构

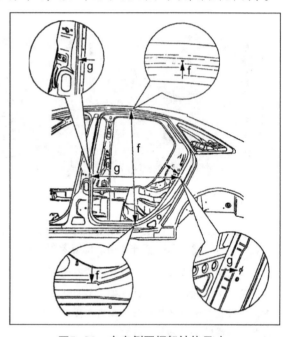

图5-39　车身侧围框架结构尺寸

⑤ 全面分析、评估汽车碰撞损坏情况并决定修复工艺方法

为进一步分析、评估汽车车身碰撞损坏情况常常需要拆卸一些车身构件，如车门、座椅、内饰件等，如图5-40所示，这项工作是必须进行的，因为拆卸车身构件能更加准确地对汽车损坏部位进行分析、评估，更有利于检查相关构件的损坏情况，更有利于汽车构件的整形和校正。

在车身修复过程中，常需要对碰撞间接损坏部位进行修复和处理，如图5-41所示，汽车车身间接碰撞损坏部位一般没有明显的直接碰撞痕迹，汽车构件表面的涂层会产生一些裂纹，对于这些碰撞损坏，可以根据损坏情况、客户要求、保险公司人员的意见等进行考虑。

图5-40　拆卸车身构件

图5-41　碰撞间接损坏部件的处理

　　拆除汽车车身内部构件，如座椅、内部压条、装饰件等，拆除这些构件后能更方便地检查构件的损坏情况，如图5-42所示，有时还需要对车身内部（如车身内地板）进行检查，如果发现有裂纹或皱褶，还要将构件涂层除掉，进行进一步检查。

图5-42　检查车身内部

　　由检修人员（包括机修工、电工、车身修理工）、检验员、保险公司人员、客户共同决定车身修复工艺方案。这个案例的碰撞损坏分析、评估基本结束。如果在碰撞损坏修复过程中又发现新的因碰撞产生的损坏，那么应该采用合适的工艺修复方法进行彻底修复，任何微小的车身构件损坏都会留下隐患，随着时间和工况的变化，加上使用环境的影响（锈蚀，路况不良，驾驶操作不当），这些隐患会逐步扩大，甚至使汽车车身构件早期损坏或断裂。

（3）车身后部碰撞损坏的分析、评估

① 轻微碰撞分析、评估

　　检查碰撞损坏的范围和程度，对车身重要测量控制点进行测量，检查车身构件之间的间隙，检查后备厢开闭情况等，进行分析和评估，如图5-43所示。

图5-43　检查后备厢开闭情况

② 严重碰撞分析、评估

　　汽车右后侧碰撞十分严重，经检查汽车车身左侧没有碰撞损坏痕迹，如图5-44所示。车门间隙上下均匀，车门开闭灵活可靠。因为整体式车身是一个整体的框架结构，所以对汽车碰撞的检查应该是全面的。虽然碰撞发生在车身的右后部位，但是若碰撞严重，也会影响车身左侧，因此对车门进行全面检查是有必要的，但要注意车身的一些问题是否此次碰撞产生的，找出碰撞产生的问题是主要的，然后再进行分析，这是车身修复人员的重要工作。

　　查阅技术文件，如图5-45所示，上部侧板距离h为（1212±2）mm，后围板凸缘间距离i为（545±2）mm，后纵梁间距离k为（1135±2）mm。根据技术文件对车身测量控制点进行测量。

　　进行检查，对测量控制点进行测量，由于碰撞位置较高，车身后下部没有碰撞损坏。如图5-46所示，虽然右后翼子板损坏严重，但并没有造成车身纵梁及其他部位损坏。

　　为什么要强调进行车身纵梁检查和对相关测量控制点进行测量呢？这是因为汽车后纵梁与后减振器座有关，后减振器座变形或移动位置都会影响车辆行驶性能，例如，若后纵梁间距偏离技术文件要求的尺寸2mm，一段时间后就会出现车轮磨损不均匀现象，在高速情况下直行紧急制动，汽车不能正常直线停车。

图5-44 汽车车身左侧没有碰撞损坏痕迹

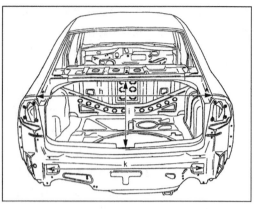

图5-45 技术文件车身后部重要测量点尺寸

图5-46 车身后部左侧及其他部位未见明显严重损坏

三、任务实施

1. 设备、工具和材料准备

① 一辆前部碰撞变形的承载式轿车。

② 车身举升器，钢卷尺及必要的拆装工具。

③ 安全防护用品：工作帽、工作服、安全鞋、棉手套、耳塞。

④ 对应车型的维修手册。

2. 技术标准及要求

应全面、准确地确定汽车所有碰撞损伤。

3. 操作步骤

对大事故车的损伤诊断，首先应通过目测大致判断车身及其他机械零部件的损伤情况，对车身的前部和下部等精确度要求高的部位必须通过精确的测量，才能评价其损伤程度。

损伤检查一定要注意合理的顺序，这样才能做到不遗漏。下面来分析损伤检查的基本步骤。

① 了解碰撞事故发生情况，有助于全面、准确、迅速地检查所有损伤。

② 确定损坏部位。观察整个车辆，具体方法从碰撞点开始，环绕汽车一圈（图5-47），并统计撞击处数，评价其幅度，确定损坏顺序。

③ 检查外部损伤和变形。从车辆的前部、后部和侧面观察车辆，并从侧面检查横向和垂直弯曲、扭曲、变形的线条，以及车身上的隆起和凹陷，如图5-48所示。同时，检查外板变形或其他与碰撞部位相关联的部位。

图5-47　确定损坏部位

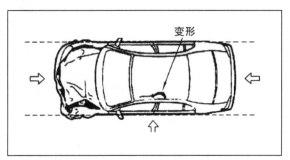

图5-48　检查外部损伤和变形

④ 仔细检查所有带铰链部件（如发动机盖、车门、行李厢盖或后背舱门）的装配间隙和配合状况是否正常（见图5-49），开启与关闭是否正常。通过这些检查除了可以判断覆盖件的变形情况，还可以判断安装这些覆盖件的结构件变形情况。比如，车门是通过铰链安装在车身门柱上的，通过开关门和观察门边缘与车身二者间的曲面是否吻合及装配情况，即可确定车门或支柱是否受到损伤（见图5-50）。

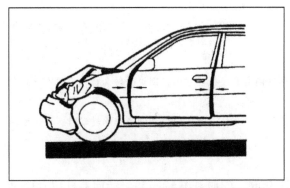

图5-49　检查所有带铰链部件的装配是否正常

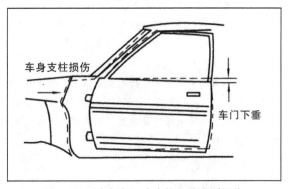

图5-50　确定车门或支柱是否受到损伤

⑤ 检查发动机支承及变速箱支座的变形，辅助系统与底盘以及线束与底盘间的接触情况。检查车身各部分的变形以及焊缝密封胶是否剥落。

⑥ 检查乘客室或行李厢内撞击力造成的间接零件损坏。检查转向柱、仪表板、内板、座椅、座椅安全带以及其他内饰件上因乘员或货物而导致的损坏。

⑦ 检查发动机机油、变速器油、制动液或散热器冷却液的泄漏情况。检查车身底部各部分的变形以及焊缝密封胶是否剥落，如图5-51所示。

防撞底漆

图5-51　检查

⑧ 转向操作装置的检查。

转向性能检查结果可以用于分析车身、转向和悬架装置的故障，为测量和鉴别行驶装置的性能提供帮助。

转向盘中心位置的检查，包括确定转向轮直行时是否在转向器分量的中心位置并由此判断机件是否正常。可按下述方法操作。

●确定转向盘直行位置

将前轮架起使之离开地面，转动转向盘并计量从一端转到另一端的总转动圈数，然后再将转向盘移回到总圈数1/2的位置。

●检查前轮是否处于直线行驶位置

观察转向前轮所处位置，并依此做出相应分析：

• 如果转向盘在中心位置，并且两前轮均指向正前方，且车轮能够随转向盘的转动而自由摆动，则说明整个转向系统基本无损坏。

• 如果转向盘居中而车轮有明显偏离，或其中某一车轮偏离直线行驶方向，则说明转向操作系统有一定程度的损坏。

• 如果转向盘处于中间位置，而两前轮却没有指向正前方，并且不能随转向盘的操作而转动时，则说明转向操作系统损坏严重。

⑨ 转向器性能的检查。

压下汽车前部或后部，给悬架加载然后迅速释放，同时观察转向器、转向器柱以及联动机构的技术状况。

●在转向盘居中位置做记号

按前述方法使转向盘居中，用一块胶带在转向盘边缘上端做出中间位置标记。

●观察转向盘是否有运动

在车前部连续做加载、释放的振动，回跳试验，同时观察转向盘的位置是否发生明显的移动或转动变化。如果转向盘在连续几次振动、回跳试验过程中有明显变化，则说明转向器或联动机构可能损坏。对此，须进一步检查。

将转向盘放在极左和极右位置的中点，然后检查轮胎是否指向正前方，如果有一个没指向正前方则说明有损坏；从一个极限位置向另一个方向转动转向盘时，从车身前部观察，如果车身有轻微抬起和落下，则表明确有机械损坏。

⑩ 如果经初步诊断前轮转向装置工作正常，有条件时还应进行前轮定位检查，以确认碰撞是否对前轮定位参数产生了不良影响。

⑪ 如果一些机械零部件检查完好的话还应进行功能检查。主要项目如下：起动发动机，检查是否有异常的振动噪声或接触噪声；操作离合器、制动器、驻车制动杆以及换挡杆，检查车辆功能是否正常；检查电气系统的功能，其中包括灯光和附件的开关功能。

⑫ 重要尺寸的测量。

检查评估汽车的损坏程度，用测量法检测是必不可少的手段之一，按维修手册给出的技术参数，测量车架、车身各指定部位点对点的距离，将测量结果与已知数据比较，可以查出损坏范围和方向，有助于对损伤程度进行分析。

⑬ 完成所有检查后应认真完成损伤检查报告。

任务三 事故车评估报告的制定

一、任务分析

事故车辆在修复之前首先要对事故车进行评估，填写评估报告，制定修复计划书，这是事故车评估的主要内容。只有掌握事故车评估的基本原则、目前配件市场定价、维修厂具体情况、车身修理工艺和维修工时定额等相关内容，才能制定一份让当事各方满意而且合理的事故车修复评估报告。

通过事故车修复评估报告的制定，能够对车辆技术参数进行分析比较，对事故车检验项目提出处理意见，制定修复工艺。

二、相关知识

1. 事故车评估报告的相关知识

（1）事故车评估报告制定的原则

① 事故车基本信息齐全准确。

② 以汽车受损查勘记录表为基准，同时参照拆解中心对已损坏零件的确定进行分项编制。在编制重大事故报告时，可采取文字记录与拍照结合的方法。

③ 相关零件的名称准确、规范。

④ 准确掌握损伤零件修与换的尺度。

（2）事故车评估报告的内容

接车后准确地填写汽车受损记录表，按照要求编写报告。事故车评估报告的内容应包括事故车基本信息，损伤零件编号或名称、数量，维修项目，材料费，维修工时及残值等相关信息。其中修理方式、维修费用的确定较为复杂，也是编制评估报告的关键内容。若事故重大，也可分类、逐项进行编制，这样会使评估报告更完整准确。

（3）事故车评估报告基本形式

事故车评估报告请见表5-1。

表5-1　事故车评估报告

车主：XXX		牌照号码：辽A XXXX		事故日期：20080515	
厂牌型号：上海大众SVW7180GL1		车辆类型：轿车		结构特征：承载式车身	
颜色、漆种：红、双涂层烤漆		VIN:WVW777332ZTW'000000'			
序号	损失项目（零件编号、名称）	数量	修理方式	材料费（元）	工时费（元）	备注
0101	前保险杠	1	更换	340	0.5×80	
0102	前保险杠骨架	1	更换	90		
0201	前护栅	1	更换	60	0.2×80	
0202	前徽标	1	更换	13		
0301	事故处	0.2m²	喷涂		0.2×400	
材料费合计：503（元）		材料管理费合计（12%）：60（元）			工时费合计：136（元）	
涂饰费：80（含税）（元）		外加工费：0（元）		税金：104（元）	修理工期：
修理费总计（RMB）：捌佰捌拾叁元整				残值：伍元	

注：材料费来自当地配件市场零售价（正厂价）；材料管理费、税金来自当地《汽车修理工时定额与收费标准》；残值来自当地废旧材料市场报价；工时及工时单位以当地《汽车修理工时定额与收费标准》为基准，参考当地维修行业平均水平合理确定；修理工期只有在承保了车辆停驶损失险时才加以确定。

（4）事故车评估报告定损时应注意的问题

① 评估报告制定原则

- 严格执行理赔制度，区别属于车主自付的范围。
- 修理范围仅限于本次事故中所造成的车辆损失（包括车身损失、车辆的机械损失）。
- 能修理的零部件，尽量修复，不要随意更换新的零部件。
- 能局部修复的不能扩大到整个修理。
- 能更换零部件的坚决不能更换总成件。
- 根据修复工艺难易程度，参照当地工时费用水平，准确确定工时费用。
- 准确掌握汽车配件价格并进行核算。

② 事故汽车碰撞损伤的诊断与测量

在进行碰撞损伤评估之前应当注意以下事项。

- 首先要查看汽车上是否有破碎玻璃棱边，以及是否有锋利的刀状和锯齿状金属边角，为安全起见，最好对危险的部位做上安全警示或进行处理。
- 如果有汽油泄漏气味，切忌使用明火和开关电气设备。对于较大事故，为保证汽车的安全可切断蓄电池电源。
- 如果有机油或齿轮油泄漏，注意别滑倒。
- 在检验电气设备状态时，注意不要造成新的设备和零部件的损伤。如车窗玻璃升降器，在车门变形的情况下，检验电动车窗玻璃升降功能时，切忌盲目升降车窗玻璃。
- 当在光线良好的场所进行碰撞诊断时，如果损伤涉及底盘或需要在车身下进行细致检查时，务必使用汽车举升机，保证评估人员的安全。

③ 汽车碰撞损伤鉴定步骤

- 了解车身结构的类型。
- 目测确定碰撞部位。
- 目测确定碰撞的方向及碰撞力大小，并检查可能有的损伤。
- 确定损伤是否限制在车身范围内，是否还包含功能部件或零部件，如车轮、悬架、发动机及附件等。
- 沿着碰撞路线系统地检查部件的损伤，直到没有任何损伤痕迹的位置，如立柱的损伤可以通过检查车门的配合状况来确定。
- 测量汽车的主要部件，通过比较维修手册车身尺寸上的标定尺寸和实际汽车上的尺寸来检查车身是否产生变形量。
- 用适当的工具或仪器检查悬架和整个车身的损伤情况。

④ 目测确定碰撞损伤的程度

在大多数情况下，碰撞部位能够显示出结构变形或者断裂的迹象。
- 钣金件的截面突然变形。
- 零部件支架断裂、脱落及遗失。
- 检查车身每一部位的间隙和配合。
- 检查汽车本身的惯性损伤。

⑤ 事故车评估过程中注意事项

- **正视工时定额上存在的分歧**

修理厂考虑到自身的经济效益，总是希望价格定得越高越好，有时修理厂为了扩大维修项目，往往同意客户的某些不合理要求。在确定工时费用时要处理好与保险公司的关系，当维修厂与保险公司在工时定额上出现分歧时，应采取如下方法。

　　·确定工时在先、拆解车辆在后。一般大事故往往需要分解检查后，才可能准确地定价。遇此情况，不宜先分解，后定价，而应妥善处理好工时费用后，再对事故车辆进行分解。

　　·逐项核定工时，减少定价随意性。确定工时费用时，可对事故车辆的修复项目按部位、项目进行工时分解，并逐项核定，减少确定工时的随意性，使工时核定更合理。

　　·加强更换零件的核损工作。确定工时费用后，要对事故车辆进行分解并确定更换项目，对于价值较高的零件的更换，要加强监督检查，必要时运用检测设备，准确定损，减少定损的随意性。

- **定损时要认真、谨慎**

对于重大事故，应避免在分解过程中弄虚作假、以次充好，以及在分解过程中，有意扩大损坏部位，加大损坏程度等现象的发生。

对于特殊车型、配件奇缺的车辆，可在确定更换配件项目的前提下，先行安排其他项目的修复。避免因配件价格无法确定而延迟出单，延长修理时间。在车辆修复的同时，积极联系采购配件。对部分奇缺零件根本无法买到的，可采用加工制作方法解决。

2. 车身修复及定损相关知识

（1）事故车常损伤零部件修与换的方法

　　在损失评估中受损零件的修与换是困扰汽车评估人员的一个主要难题，同时也是汽车评估人员要掌握的技能之一，也是衡量汽车评估人员水平的一个重要指标。在保证汽车修理质量的前提下，用最小的成本，完成受损部位修复是评估人员评估受损汽车的原则。碰撞中常损零件有承载式车身结构钣金件、车身覆盖钣金件、塑料件、机械件及电器件等。

① 承载式车身结构钣金件修与换

● 弯曲变形特点

零件发生弯曲变形，其特点是：

- 损伤部位与非损伤部位的过渡平滑、连续。
- 通过拉拔校正可使它恢复到事故前的形状，而不会留下永久的塑性变形。

● 折曲变形特点

- 弯曲变形剧烈，曲率半径小于3mm，通常在很短的长度上弯曲90°以上。
- 校正后，零件上仍有明显的裂纹或开裂，或者出现永久变形带，不经过调温加热处理不能恢复到事故前的形状。

● 汽车评估人员的注意事项

- 在折曲和随后的校正过程中钢板内部发生了什么变化？
- 为什么那些仅有一些小的折曲变形或有裂纹的大结构件也必须拆截或更换？
- 当承载式车身决定采用更换结构钣金件时，应完全遵照制造厂的建议。当需要切割或分割钣金时，厂方的工艺要求必须遵守，一些制造厂不允许反复分割结构钣金件。另一些制造厂规定只有在遵循厂定工艺时，才同意分割。
- 高强度钢在一些条件下，不能用加热来校正。

② 非结构钣金件修与换

非结构钣金件又称覆盖钣金件，承载式车身的覆盖钣金件通常包括可拆卸的前翼子板、车门、发动机盖、行李厢盖，和不可拆卸的后翼子板、车顶等。

● 可拆卸件修与换

- 前翼子板修与换

损伤程度没有达到必须将其从车上拆下来才能修复的程度时，如整体形状还在，只是中部的局部凹陷，一般不考虑更换。损伤程度达到必须将其从车拆下来才能修复的程度时，并且前翼子板的材料价格低廉、供应流畅，材料价格达到或接近整形修复工费，则应考虑更换。

如果每米长度超过3个折曲、破裂变形，或已无基准形状，应考虑更换（一般来说，当每米折曲、破裂变形超过3个时，整形和热处理后很难恢复其尺寸）。如果每米长度不足3个折曲、破裂变形，且基准形状还在，应考虑整形修复。

如果修复工费明显小于更换费用应考虑以修理为主。

- 车门修与换

如果车门门框产生塑性变形，一般来说是无法修复的，应考虑更换为主。许多汽车的车门面板是可以作为单独零件供应的，面板的损坏可以单独更换，不必更换门壳总成。

- 发动机盖和行李厢盖修与换

绝大多数汽车的发动机盖和行李厢盖，是用两个冲压成形的冷轧钢板经翻边胶粘而成的。判断碰撞损伤变形的发动机盖或行李厢盖，是否要将两层分开整形修理，如果不用将两层分开，则不应考虑更换。需要将两侧分开整形修理，应首先考虑工费加辅料与其价值的关系，如果工费加辅料接近或超过其价值，则不应考虑修理，反之，应考虑整形修复。

● 不可拆卸件修与换

碰撞损伤的汽车中最常见的不可拆卸件就是三厢汽车的后翼子板，由于更换须从车身上将其切割下来，而国内绝大多数汽车修理厂在切割和焊接上，满足不了制造厂提出的工艺要求，从而造成车身结构新的修理损伤。所以，在国内现有的修理行业设备和工艺水平下，后翼子板都应采取更换的方法修复。

③ 塑料件修与换

塑料件修与换的掌握应从以下几个方面来考虑：

对于燃油箱及要求严格的安全结构件，必须考虑更换。

整体破碎应考虑更换为主。

价值较低，更换方便的零件应考虑更换为主。

应力集中部位，如富康车门铰链、撑杆锁处应考虑更换为主。

基础零件，并且尺寸较大，受损以划痕、撕裂、擦伤或穿孔为主，这些零件拆装麻烦、更换成本高或无现货供应，应考虑修理为主。

表面无漆面的、不能使用氰基丙烯酸酯粘接法修理的，且表面美观要求较高的塑料零件。一般来说，由于修理处会留下明显的痕迹，应考虑更换。

④ 机械类零件修与换

● 悬架系统、转向系统零件修与换

在阐述悬架系统中零件修与换的掌握之前，必须说明悬架系统与车轮定位的关系，非承载式车身，正确的车轮定位的前提是正确的车架形状和尺寸；承载式车身，正确的车轮定位的前提是正确的车身定位尺寸。

● 铸造基础件修与换

汽车的发动机缸体、变速器、主减速和差速器的壳体往往用球墨铸铁或铝合金铸造而成。而遭受冲击载荷时，常常会造成固定支脚的断裂。我们知道球墨铸铁或铝合金铸都是可以焊接的。

（2）事故车保险定损

① 前保险杠及附件

前保险杠及附件由前保险杠、前保险杠饰条、前保险杠内衬、前保险杠骨架、前保险杠支架、前保险杠等组成。

② 前护栅及附件

前护栅及附件由前护栅饰条、前护栅铭牌等组成，其破损多数以更换修复为主。

③ 散热器框架

散热器框架又称前裙。现代轿车的散热器框架在承载式车身中属于结构件，多为高强度钢板，结构形状复杂，轻度的变形通常可以钣金修复，而中度以上的变形往往不易钣金修复，高强度低合金更是不易钣金修复。

④ 散热器及附件

散热器及附件包括散热器、进水管、出水管、副散热器等，如图5-52所示。

⑤ 发动机盖及附件

其如图5-53所示。

⑥ 前翼子板及附件

前翼子板遭受撞击后其修理与发动机基本相同，如图5-54所示。

图5-52　散热器及附件

图5-53　发动机盖

图5-54　前翼子板

⑦ 前纵梁及挡泥板

●前纵梁定损分析

鉴定方法：若前纵梁弯曲变形，则前纵梁上的漆皮将会脱落，铁皮起皱，左右前翼子板的缝隙大小不一，发动机盖向两边偏移等。定损处理：在一般情况下，大多采取校正处理。对于纵梁变形程度较大的，一般情况下可采取更换处理。

●挡泥板定损分析

正面碰撞，一般会造成前纵梁支撑及挡泥板前部变形，如果是侧面碰撞或者严重正面碰撞则可能造成平行包变形。汽车发生正面碰撞，挡泥板前部变形，一般都采取整形修复处理。若碰撞严重，造成前纵梁弯折，挡泥板破损，在决定更换前纵梁的同时，连挡泥板一同更换。

⑧ 前风窗玻璃及附件

一般包括前风窗玻璃、前风窗玻璃密封条及饰条、内视镜等，其因撞击损坏基本上以更换为主。

⑨ 雨刮系统

雨刮系统中雨刮片、雨刮臂、雨刮电动机因撞击损坏的，主要以更换修复为主。

雨刮固定支架、联动杆中度以下的变形损伤以整形修复为主，严重变形一般须更换。一般雨刮喷水壶只在较严重的碰撞中才会损坏，损坏后以更换为主。雨刮喷水电动机、喷水管和喷水嘴撞坏的情况较少出现，若撞坏以更换为主。

⑩ A柱及饰件、前围、暖风系统、集雨栅等

●A柱因碰撞产生的损伤多以整形修复为主，由于A柱为结构钢，产生折弯变形以更换外片为主要修复方式。

●A柱有上下内饰板,破损后一般以更换为主。

●前围多为结构件,整修与更换按结构的整修与更换原则执行,A柱内饰板因撞击破损以更换修复为主。

●前围上板上安装有暖风系统。较严重的碰撞常会造成暖风机壳体、进气罩破碎,以更换为主,暖风散热器、鼓风机一般在碰撞中不会损坏。

●集雨栅为塑料件,通常价格较低,因撞击常造成破损,以更换修复为主。

⑪ 车门及饰件(前门后视镜、后门及饰件等)

门防擦饰条碰撞变形应更换,由于门变形须将门防擦饰条拆下整形,多数防擦饰条为自干胶式,拆下后重新粘贴上不牢固,用其他胶粘影响美观,应考虑更换。

⑫ 前座椅及附件、安全带

座椅及附件因撞击造成的损伤常为骨架、导轨变形和棘轮、齿轮根切现象,骨架、导轨变形可以校正,棘轮、齿轮根切通常必须更换棘轮、齿轮机构,许多车型因购买不到棘轮、齿轮机构常会更换座椅总成。

⑬ 侧车身、B柱及饰件、门槛及饰件等

有的汽车车身侧面设计成一个整体,如富康车。但桑塔纳普通型车没有这样设计。B柱的整修与更换同A柱。一般的碰撞,边梁的变形以整形修复为主,边梁保护膜是评估中经常遗漏的项目,只要边梁需要整形,边梁保护膜就要更换。门槛饰条破损后一般以更换为主。

⑭ 车身地板

车身地板因撞击常造成变形,常以整修方式修复,对于整修无法修复的车身变形,在现有的国内修理能力下,应该考虑更换车身总成。

⑮ 车顶及内外饰件

车顶的凹陷变形基本上来自下面几个原因:

●汽车发生正面碰撞,其碰撞力通过前纵梁、前立柱促使车顶前部、侧中部轻度弯折凹陷变形。

●汽车发生后部碰撞,碰撞力通过后翼子板使车顶后部或侧中部轻度弯折凹陷变形。

●汽车发生中部碰撞,碰撞力通过前柱、中柱、后翼子板促使车顶中部弯折凹陷变形。

●车顶与物体发生直接碰撞,容易使车顶发生严重变形或破裂。

●汽车发生倾覆,会使车顶发生严重的凹陷变形,甚至破裂。车顶的轻度变形或局部凹陷,通过简单的整形就能恢复到原来的形状,不会影响相关的附件,工时费用较低,如变形面积大,局部破裂,遇到这种情况,整形工艺就比较复杂。车顶的重度变形、破裂一般都采用整形修复的方法进行处理。在整形修复时,多采取将轿车顶蒙皮剥离,修复后再重新焊接。

⑯ 后风窗玻璃及附件

后风窗玻璃及附件的结构同前风窗玻璃的区别在于前风窗玻璃为夹胶玻璃,后风窗玻璃为带加热除霜的钢化玻璃,修理方法同前风窗玻璃。

⑰ 后翼子板及饰件

后翼子板与前翼子板不同,后翼子板为结构件,按结构件方法处理。行李厢落水槽板、三角窗内板、挡泥板外板及挡泥板内板一般不予更换。

⑱ 后搁板及饰件、高位制动灯等

后搁板因碰撞基本上都能整形修复，此处如果达到不能整形修复的情况，一般要求车身达到更换的程度。后搁板面板用毛毡制成，一般不用更换。后墙盖板也很少破损，如果损坏以更换为主。现代汽车都安装高位制动灯，高位制动灯按前照灯方法处理。

⑲ 后部地板、后纵梁及附件

后纵梁按前纵梁方法处理，其他同车身底板处理方法相似。备胎盖在严重的追尾碰撞中会破损，以更换为主。

⑳ 行李厢盖及附件

按发动机盖及附件方法处理，行李厢工具盒在碰撞中常破损，评估时注意不要遗漏。后轮罩内饰、左侧内饰板、右侧内饰板碰撞一般不会损坏。

㉑ 后围及铭牌

后围的碰撞的原因是开车人在倒车时未发现后面的障碍，盲目倒车，致使后围遭受碰撞造成损坏变形，或者其他车辆的追尾碰撞造成后围的凹变。

㉒ 后保险杠及附件

按照前保险杠方法处理，对于汽车标准配置以外的新增设备应单独注明。如果作为保险标的进行评估，对于未投保新增设备损失附加险的汽车，评估中应予以剔除。

（3）车身修复方案制定原则

① 更换项目的确定原则与方法

汽车零部件种类繁多，维修方法不尽相同。但事故车辆维修应掌握"以修为主、能修不换"的总原则，在实际定损过程中应灵活运用以下具体原则：

- 无法修复的零部件必须更换，如灯具的严重损坏，玻璃的破碎等。
- 工艺上不可以修复使用的零部件。工艺上不可以修复使用的零部件主要有胶贴的各种饰条，如胶贴的风窗玻璃饰条、胶贴的门饰条、翼子板饰条等。
- 安全上不允许修理的零部件。制动系中所有零部件在受到明显的机械损伤后，从安全角度考虑不允许再使用。
- 无修复价值的零部件必须更换。汽车发生事故后，从经济学的角度考虑，存在着一些基本没有修复价值的零部件，即修复费用接近或超过原部件原价值。一般价值较低的，修理费用应不高于新件价格的30%；中等价格的，一般修理费用应不高于新件价格的50%；总成的修理费用不可高于新件价格的80%。
- 不能重复使用的零件必须更换。如油封、密封垫等拆解后必修更换。
- 更换件定损规格。所有更换件定损规格不得高于原车事故前装配的品牌、规格。
- 零部件的使用寿命。修理后零部件的使用寿命应能达到新件使用寿命的80%以上，且应能与整车的使用寿命相匹配。

② 拆装项目的确定原则与方法

有些零部件或总成并没有损伤，但是更换、修复、检验其他部件需要拆下该零部件或总成后重新装回。

拆装项目的确定要求汽车评估人员对被评估汽车的结构非常清楚，对汽车修理工艺了如指掌。在对被评估汽车拆装项目确定有疑问时，可查阅相关的维修手册和零部件目录。

③ 修复项目的确定原则与方法

在现行的汽车损失评估中受损汽车零部件的修复方式上仍然以修复为主，所以在工艺上、安全上允许的且具有修复价值的零部件应尽量修复。

④ 待查项目的确定原则与方法

在事故汽车保险定损工作中，经常会遇见一些零件，用肉眼和经验一时无法判断其是否受损、是否达到需要更换的程度，甚至在车辆未修复前，就单独某零件用仪器都无法检测，如副梁等，这些零件在定损评估过程中称为"待查项目"。

（4）事故车修复费用的确定

① 车辆修复费用的组成

● 工时费

工时费=工时效率×工时定额

工时费即维修工作所需的费用价格，一般因维修作业项目作业和工种的不同而有所差异。

● 材料费

材料费是维修工作中所需要更换的零件费用和使用的材料，如涂料及其配套固化剂、稀释剂等，以及需要添加的运行材料费用。

● 外协加工费

外协加工费是维修过程中因厂家条件所限或某些必须专项修理的项目（也包含为降低修理成本而需要的专项修理），需要外协加工和专项修理的实际费用。

● 税费

税费应按照国家规定执行。

② 工时的确定

汽车修理工时包括更换、拆装项目工时，修理项目工时和辅助作业工时。

● 更换、拆装，修理项目工时费

汽车修理中更换项目与拆装项目的工时绝大多数是相似的，有时更是相同的。所以通常将更换与拆装作为同类项目处理。

汽车碰撞损失的更换、拆装项目工时的确定可以从《汽车维修工时定额与收费标准》中查找，然而在我国绝大多数地区没有相应的工时定额与收费标准。通常按照当地的工时单位计算相应的工时费。

③ 材料价格

在汽车市场中同一种零配件有多种价格，在事故汽车定损中，应当结合当地配件市场价格、维修企业价格和保险公司核价定价。

④ 车辆损失残值

在保险车辆损失评估时，经常要确定更换件的残值。处理损失较大的事故，更换件也较多，残值的确定通常有以下几步：

- 列出更换项目清单；
- 将更换的旧件分类；

●估定各类旧件的重量；

●根据旧材料价格行情确定残值。最后确定事故车定损金额，即：定损金额=（总工时+总材料费）-残值。

三、任务实施

1. 任务实施程序

① 填写初检交接单；

② 技术参数分析；

③ 认真听取事故车检验项目的处理意见；

④ 认真听取事故车修理工艺流程；

⑤ 制定事故车的修复评估报告。

2. 准备工作

① 前部碰撞变形的承载式轿车，如图5-55所示。

图5-55 事故车

② 举升机、钢卷尺及必要的拆装工具。

③ 安全防护用品：工作帽、工作服、工作鞋、手套等。

④ 对应车型的维修手册。

⑤ 纸、笔等记录用品。

3. 制定报告过程

制定事故车的修复评估报告，首先应根据初检结果，填写初检交接单，内容与事故车评估报告应一致，要求翔实、难确；根据事故车所对应车型的维修手册，分析车辆技术参数；认真听取事故车检验项目的处理意见，提出相应的依据及改正方法，予以实施；认真听取事故车修理工艺流程，根据相关知识，采用合理有效的修理工艺；综合事故车损伤分析、检验结果，以及相应的修理工艺，制定事故车的修复评估报告。

项目六　车身结构件变形的校正

任务一　车身校正设备

一、任务分析

车辆受到严重撞击后，车身的外覆盖件和结构件钢板都会发生变形。车身外覆盖件的损伤，可以用锤子、顶铁和外形修复机修复。但车身的车架和整体式车身的结构件是非常坚固的，强度非常高，对于这些部位的整形，必须利用车身校正设备的巨大液压力才能够进行修复操作。使用车身校正设备可以快速精确地修复这些变形损坏的构件。

车身校正的重点是"精确地恢复车身的尺寸与状态"，由于车身是车辆的基础，汽车的发动机、悬架、转向系统等都安装在车身上，如果这些部件安装点的尺寸没有校正得到原尺寸将会影响车辆的性能。要很好地对车身进行校正，除了要有一定的操作工艺水平和掌握一定的科学维修方法外，还要对专用的校正设备和测量工具有更好的了解，才能保证修理校正的质量。

二、相关知识

1. 地面校正设备

目前可供使用的两种地面校正设备有地锚式和地框式。

这两种设备都采用锚环固定结构（见图6-1）。这种结构必须使拉拔力在大小和方向两方面都得到平衡。每种设备都有提供压力的油泵或空气压缩机，以及利用压力进行工作的油缸或汽缸。还有将车辆与动力缸连接起来的环链、固定动力缸的锚环和把环链固定到地框的锚环。汽车通过配有管状横梁的锚固夹紧装置支承在千斤顶式支座上（这个夹紧装置夹在车上的压焊焊件上）。环链的一端钩住夹紧装置，另一端钩住地锚或地框，通过拉紧环链可以将汽车固定。环链上应装张紧器，用以拉紧环链（见图6-2）。

首先把动力缸装到缸座上，以便能在所要求的方向上提供拉拔力。再用加长杆将动力缸调到所需的高度，拉紧环链，并用锁销把环链末端锁好，然后将环链挂在锚环上。锚环、缸座和车上的拉拔挂结点应处于拉拔方向的同一直线上。将泵与动力缸接通，压缩空气软管接到泵上。压泵，以使环链张紧，而后即可进行拉拔。地面校正设备适用于小型的撞伤修理厂。用地锚式和地框式设备都能进行快速固定，可进行单点或多点拉拔，而且锚固牢靠，占地面积小。大多数地面校正设备都可用拉拔柱，图6-3所示地面校正设备都是建在水泥地面的，而图6-4所示的平台校正设备则设置在地面上。这种地上校正设备具有与地面校正设备同样的优点，而且由于它是用螺栓固定在地面上的，因而还能快速、方便地在车间里到处挪动。

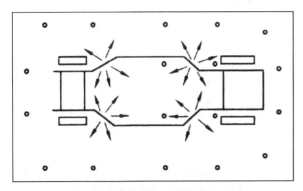

图6-1　锚环固定结构

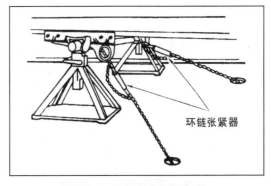

图6-2　夹紧装置及张紧器

图6-3　典型的拉拔柱

图6-4　典型的平台校正设备

2. 移动式车身、车架校正设备拉拨器

整个结构较低的无链式固定设备，既可使支承面离地面近得足以让车辆固定快捷，又有足够的高度，便于接近汽车底部。该设备的长宽尺寸均可调节，实际上适用于所有不同尺寸的车辆。

采用无链式固定设备进行拉拨校正时，应按下述步骤来固定车辆。

① 升起汽车的一端，装上底部夹紧装置，如图6-5（a）所示。

② 将撑管插入夹紧装置和支座内，如图6-5（b）所示，然后将车放下，由支座支承。

③ 放好锁定臂，将上述支座锁定到地面锚环上，然后用锤子把楔块打到规定的位置，把汽车锁定到固定设备上，如图6-5（c）所示。

④ 在汽车的另一端重复上述操作过程，如图6-5（d）所示。

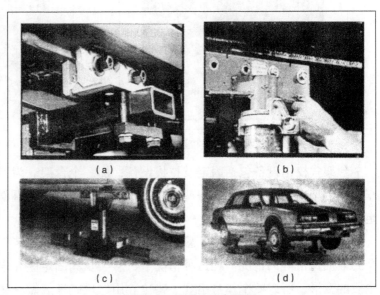

（a）　　　　　　　（b）

（c）　　　　　　　（d）

图6-5　无链式固定设备

按上述方法把汽车固定后即可从汽车周围360°的任意方向进行校正拉拔。经常用拉拔柱来提供拉拔力。

3．轨道式校正设备

大多数轨道式校正设备都有一个拉拔柱或关节臂，使用时可调到任意位置，即能从汽车周围360°任意方向和任意高度上进行校正拉拔（见图6-6），可以向上或向下拉拔，也可以把轨道放到与地面齐平高度上进行拉拔（见图6-7）。大多数设备的轨道都可以通过液压操纵而倾斜，以便于汽车开上去或用选购的驱动绞盘拉上来。

图6-6　从任意方向提供拉拔力

图6-7　可降至与地面平齐

4．台架式校正设备

这种设备可用于车身和车架的校正，也可用来进行多向拉拔，同时完成测量。校正台架通常有固定式（见图6-8）和移动式（见图6-9）两种形式。

图6-8　典型的固定式校正设备

图6-9　典型的移动式校正设备

台架式校正设备包括固定及拉拔设备，加一个台架。为了能最有效地利用台架，在把汽车放在台架上之前，应先做一些准备工作。最重要的一件事就是直观检查一下损伤程度，确定出最佳修理方案。

一般来说，凡是损伤涉及悬架、转向器和传动系的固定部位时，都应使用台架，这包括受到侧面撞击等的情况。在这种情况下，悬架及其固定座并未直接受到损伤，但因为是车身中段的变形，所以整个车身出现了错位。用卷尺或杆规做一些常规测量，就可以确定具体的碰撞是否属于上述情况了。这些测量包括进行对角线检测以检查侧倾，通过长度测量检查纵向压缩变形。应尽可能清楚地了解损伤的起止部位。应注意利用所有可能得到的数据，包括车身尺寸手册和汽车制造厂家的维修手册中的数据。

夹具是很多台架设备中的重要部件。为了把汽车正确地固定到台架上，必须至少有三个在未损伤部位的基准点，用以确定出基准平面来进行其他部位的测量。如果未损伤的基准点超过三个，那么它们都可以用来定位。在选用夹具时，应选用能使未损伤部件的拆卸数量最少的夹具。

对于前部损伤，夹具应置于汽车的中部和后部；而对于后部损伤，夹具则应置于汽车的中部和前部。应依据汽车结构和损伤的部位及程度这两个方面来选择夹具及其装卡位置。

如果找不到三个未损伤的基准点，譬如严重的侧面撞击这种情况，仍可使用台架校正设备。这时，应先进行粗拉拔，直到可以找到三个基准点为止。粗拉拔可以在台架上进行。完成之后，可能需要对汽车在台架上的位置做一些调整。也可以在汽车放置到台架上之前，用传统的测量方法进行粗拉拔。

在汽车放到管状横梁上和台架滑到汽车底下之后，应全面观察损伤范围和夹具的放置位置，准确地确定损伤的位置、方向和程度。如果夹具是用螺栓固定的，可把最外侧的夹具大致地放到台架的适当位置上，升起台架，直到夹具使汽车上的基准点和夹具上的基准点良好吻合，然后继续升高台架，直到汽车重量全部脱离开管状横梁的支承。

拆除管状横梁、支座和底部夹紧装置，把汽车和台架降下。下一步是安装锚固夹紧装置，这个夹紧装置夹在供夹紧用的焊件上。再在汽车的另一端和另一侧重复上述步骤，然后装上其他夹具。当所有的夹紧装置都在台架上固定好以后，即可进行车身的校正拉拔。

5. 校正设备附件

经常与校正设备配合使用的两种附件是发动机支架和移动式拉拔—撑顶臂。当需要拆下发动机和变速器装置时，可以用发动机支架来支承发动机。可以把它放在内翼子板上。其宽度可调，中部有一可调链钩用来拉住捆绑发动机的环链。

拉拔—撑顶臂可以从专用法兰的中心位置围绕台架一端旋转，而在其他位置时，可以到达台架的一端和一侧。将外法兰上的内夹持器挂到另一侧，拉拔—撑顶臂还可以在台架那一侧的任意位置上使用。

便携式液压油缸是一种使用非常方便的工具，可用来进行撑顶、展开、夹紧、拉拔和拉伸作业。

图6-10所示综合了手持液压油缸的各种应用情况。

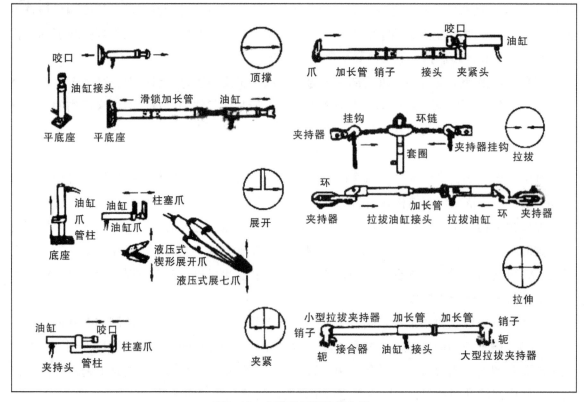

图6-10　各种校正附件的应用

三、任务实施

1. 校正流程

校正流程其如图6-11所示。

2. 事故车辆上校正仪

（1）降下平台，将事故车辆移上校正台

① 接上气动泵的气管和油管并与举升油缸连接。

② 移动并固定塔柱，清理现场。

③ 先将平台稍上升，使活动支腿离开地面，然后将活动支腿扳离垂直位置。

④ 松开活动支腿锁紧机构，拉开或拔出插销。

⑤ 控制气动泵匀速降落平台。

⑥ 安装上车斜桥。

⑦ 让助手协助对正汽车并驶上平台（或用绞车拉到工作平台上面），然后撤掉上车斜桥。

⑧ 拧紧驻车制动器，并将车轮固定，使车辆停稳在平台上。

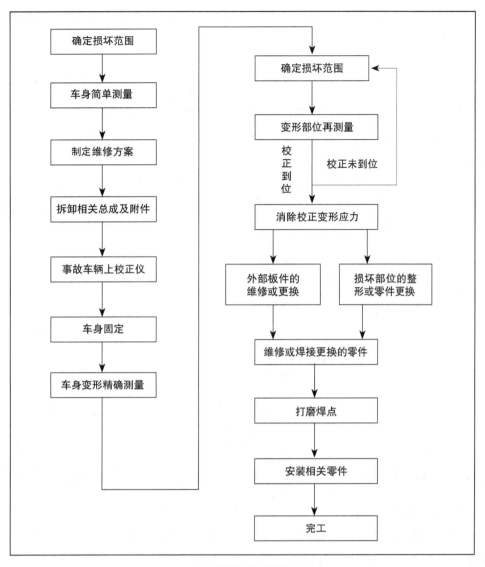

图6-11　车身校正作业施工程序图

（2）升起平台

① 连接气动油泵的气管和油管。

② 控制脚踏气动油泵，升起平台直到活动支腿完全立起。

③ 将活动支腿锁定后松开气动泵，下降平台，使举升装置不再受力。 安全注意事项如下：

● 平台式车身底盘校正平台的举升力为3.5t，不要超过其最大举升力。

● 为避免人身伤害和设备损坏，当平台在升起状态时一定要锁定活动支腿。

● 推动车辆上架时，应尽量保持车辆的纵向中心线和工作台架的纵向中心线重合，左右偏差不允许超过100mm。

● 车辆上架后尽量保证车辆的重心位于工作台架的中间部位，重心偏离中间部位不许超过500mm。

●如果上架车辆车长大于5200mm，应根据车辆损坏的部位（前部损坏或后部损坏），将车辆沿工作台纵向移动，使损坏部位放置在工作台面内，以便于校正操作。

（3）车身固定

对于车身固定至少要固定4个位置，根据车身的结构和拉伸校正的需要有时还要增加更多的固定点。为使拉伸校正时的车身更加稳固、防止车身变形，并保护焊接点，有时需要另外再找出几处车身固定点，如图6-12所示。

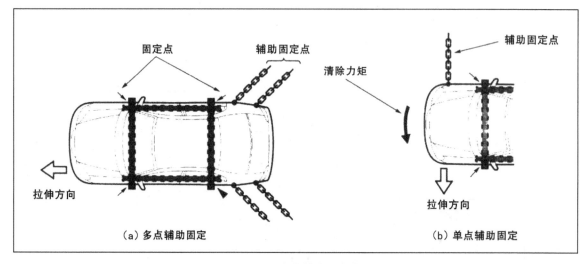

图6-12　车身辅助固定点

（4）车身校正

●把塔柱的快速接头连接好。

●选择合适的钣金工具，检查夹具的各部位、螺栓是否有裂痕、变形，并固定在要拉伸的车身部位。

●把塔柱链条与夹具连接好，调整导向环到合适高度，注意，导向环的高度严禁过警戒线。

●调整链条长度及角度，使链条所有链节在一条直线上，严禁扭曲，链条上最好覆盖保护毯，以免链条断裂飞出伤人；链条另一端固定在顶杆的链条锁紧机构上。

●用钢丝绳保险将夹具、链条和车身连接在一起，防止发生危险。

●启动油泵，开始拉伸工作，当链条刚受力时，松开导向环手轮。

●拉伸时，不要站在塔柱的后面，以免夹头链条断裂飞出。

●拉伸中要注意力放在拉伸工件上，时刻注意工件变化，防止过拉伸，撕裂、撕开工件，致使夹头飞出伤人，拉伸中注意拉力。

●不要超过钣金工具的承载能力。

●特别注意：塔柱拉伸时，不能进行斜向或反向拉伸，否则极易损坏平台外导轨及塔柱的导向轮。

任务二　车身结构件变形的校正

一、任务分析

车身结构件变形的校正是指通过一定的外力将事故损坏或疲劳损坏的部位修复到车辆出厂时的过程。车身维修设备厂家开发的校正设备基本上都具有车身固定和多向牵拉等功能，有些设备还专门配备了测量系统用于拉伸操作时的尺寸控制和校正指导。

多数拉伸设备仍需要与车身测量系统配合操作来控制校正尺寸，所以在校正时应了解一定的校正程序和方法，利用合理的工艺进行校正。

二、相关知识

车身结构件是指在车身上起到主要支撑及承载作用的构件，是车身零部件的安装基础，常见于纵梁、横梁、门柱及下边梁等部位。这类构件通常具有非常高的强度，结构多为封闭式的箱型截面，当其受到外力作用发生变形时，将直接影响到车辆的使用性能。车身变形校正主要是通过一定的外力将因事故损坏或疲劳损坏的部位修复到车辆出厂时技术标准"状态"的过程。修理时应采取一定的手段和措施，利用合理的工艺进行校正。

1. 车身结构件校正的注意事项

① 必须完全按设备制造厂家提供的使用说明书中的要求正确使用设备。拉拔时要仔细观察设备状况，检查是否有危险情况发生。

② 拉拔前一定要把车辆固定住，并检查夹紧和锚固定装置螺栓的紧固情况，见图6-13所示。

③ 拉拔时要使用校正设备所配备的环链，禁止不熟悉或未受过良好培训的人员操作校正设备。

④ 拉拔时必须将安全链挂到车辆和锚固定点上，

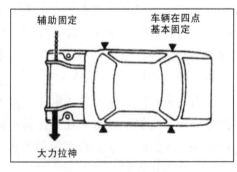

图6-13　车辆固定

同时安全链不能绕过尖角部分。

⑤ 夹持器可能会滑脱或引起钢板撕裂，应该增加一条钢丝链固定，如图6-14所示。目的是防止拉链断后车辆甩出造成维修事故。

⑥ 在车上或车下作业时，禁止使用随车千斤顶，一定要使用推荐的千斤顶式支架来支承车辆。

⑦ 禁止站在环拉链或夹持器所在的直线上，否则环链断裂、夹持器滑脱和钢板撕裂都可能造成伤害。

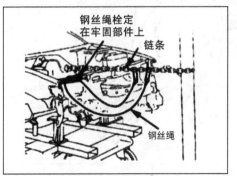

图6-14　钢丝链

2. 车身结构件变形的校正程序

在设计拉拔程序时，应该遵守以下原则，以保证变形的校正工作量最小，而且不会造成车身结构的进一步破坏。

① 按照与碰撞变形发生的相反顺序校正车身结构件。

② 拉拔力不得大于固定力的合力，例如，如果拉拔力为20kN，则固定系统必须能支持至少20kN的力。

③ 在承载式车身汽车上，没有任何一个单个的固定点能承受全部的拉拔力，拉拔力必须分配到整个车身上。多点固定、多点拉拔的方法能实现这个要求。

3. 夹紧固定和检查校正情况

多点拉拔（图6-15）可实现下述目的：同时进行三点或四点拉拔可以获得所需要的拉拔方向；每个拉拔点上需要的力减小了，因而减轻了薄钢板撕裂的危险。

常用的车辆固定方法有两种：夹在车上的压焊焊件上，在机械部件或悬架固定部位用螺栓固定。

如果车上无压焊焊件，应查阅设备使用说明书，它可能会有固定这种汽车的具体建议。

如果所用的钢板较薄，则压焊焊件的作用较弱，这时，建议采用较大的压焊焊件夹紧装置。车上在装夹紧装置之前，应将所卡部位的保护层，即内层涂料清理干

图6-15　多点拉拔方法

净，同时钳口也要清理干净。应找出该部位的管线，以避免损坏。在拉拔过程中，应对压焊焊件进行监视，以免在拉拔力作用下引起皱折和翘曲。在第一次拉拔完毕后要检查夹在压焊焊件上的夹紧装置，整个修理过程中应定期检查夹紧装置的状况。

固定车辆时，应充分固定，充分夹紧，并趋于过量。多一两个固定点花不了多少时间，而且肯定不会损伤什么。在夹持器不能正确地固定到变形部位的情况下，可以临时焊接上一小块钢板（图6-16），修理完后再将它拆下来。

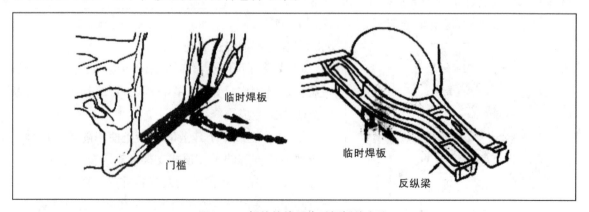

图6-16　焊接拉拔用临时钢板的方法

在设置拉拔用夹持器时，应保证拉拔力的延长线通过夹持器的中部（图6-17），否则作用在夹持器上的旋转力会把夹持器拉脱，进一步造成车辆的损伤。由于承载式车身在碰撞后产生的变形为被隔离开的塌陷变形，因而应对各个损伤部位尽可能分别处理。

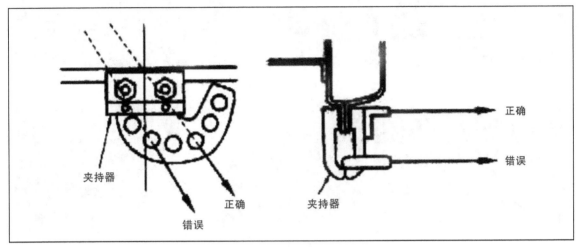

图6-17 夹持器的设置方法

4. 执行拉拔程序

拉拔力将传到整个承载式车身上，就是说作用在任何部位的拉拔力能影响整个车身，因而修理工必须周密思考整个拉拔过程。无论拉拔装置多么复杂，拉拔环链的方向始终是拉拔方向。一个正确的拉拔程序包括解决在一起的各种小问题，找出第一个问题，解决后再转向下一个问题，如图6-18所示。拉拔应从中部向外扩展，先实现正确的长度，然后消除侧倾，左后校正高度方向。

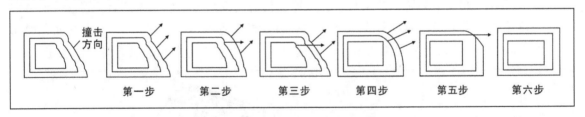

图6-18 车身拉拔校正的程序

完成拉拔工艺最有效的方法是模仿徒手作业方法。就是说按无工具可用的情况来决定如何使损伤部位恢复原状，要确定每次拉拔多少部位和在哪些方向上拉拔。各种拉拔设置方案，如图6-19所示。

由于承载式车身结构用高强度钢制造，因此最好不要采用一次拉拔到位的方法，而应当采用"拉拔—短暂停顿—拉拔—短暂停顿"的拉拔程序，以便有时间对结构件进行修整和对拉拔过程进行检查。液压系统的起动应缓慢仔细，应密切注视拉拔变形情况，看其是否按照设想在进展，如果是，则可继续进行，否则应找出原因，调整拉拔角度和方向，然后试着进行拉拔，通过拉拔可以使皱折变形部位被拉展开，然后用手锤敲打变松后展平。

如果某些部位褶皱严重，以致在拉拔中有可能出现撕裂损坏，需要对其表面进行加热，使钢板变软，但要控制好加热的时间，以免加热过度。

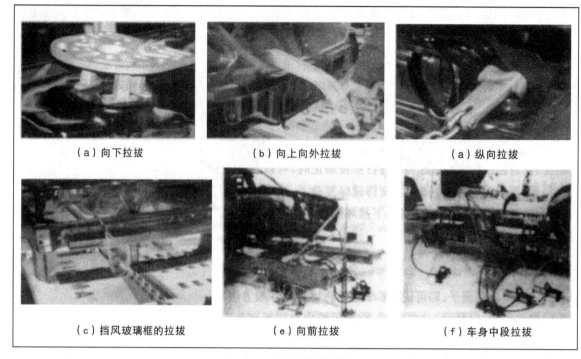

（a）向下拉拔　　　　　　　　（b）向上向外拉拔　　　　　　　（a）纵向拉拔

（c）挡风玻璃框的拉拔　　　　　　（e）向前拉拔　　　　　　　　（f）车身中段拉拔

图6-19　各种拉拔设置方案

5. 车身结构件校正方法

（1）水平方向的牵引

　　车身受到较严重的正面碰撞、追尾碰撞或侧向冲击时，都需要从水平方向上对变形构件进行牵引。图6-20所示为轿车前车身正面碰撞损伤的实例。校正前应先测量变形状况，并将一些关键参数记录下来，如对角线 a、b 和左右的垂直弯曲等。属于图6-20（a）所示的情形时，可斜向牵引变形最大的左梁的端部，左端的变形和右梁的弯曲自然会同时得以校正。

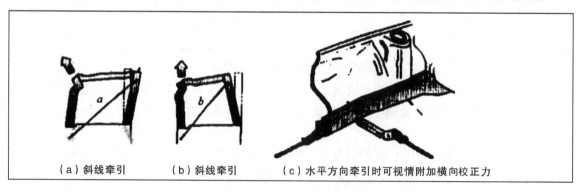

（a）斜线牵引　　　　（b）斜线牵引　　　　（c）水平方向牵引时可视情附加横向校正力

图6-20　水平方向上的牵引

　　所设定的牵引方向应视变形的实际情形而定。如果纵梁变形向外倾，应将牵引方向适当向外倾斜一定的角度；如果变形是向内倾的，只要向前牵引即可，待弯曲的构件展开后再确定是否需要调整牵引方向，如图6-20（b）所示。

　　牵引过程中应不断测量关键参数，循序渐进地施加牵引力，不要急于求成，以免造成二次损伤。如：弯曲较为严重的纵梁，纵向牵引不能使其完全复位时，还要于侧面附加水平方向上的牵引力，如图6-20（c）所示，通过更大的附加校正力的作用，来实现单方面强行牵引难以达到的校正弯曲的目标。

追尾碰撞造成的后车身变形，比起前车身来也并不小。因为后车身受冲击时力的分散与传递更复杂，严重的还会波及车身的中间支柱。牵引时应用夹具等将拉链与车身纵梁后端固定，牵引点尽量布置得分散些，以免发生局部变形。如果只是后翼板的轻度变形，也可用夹具于内侧固定拉链，这样可使装卡更方便些，如图6-21所示。

车身受到侧向冲击的危害性很大，严重时可使车身整体弯曲。校正方法如图6-22所示，像扳直一根铁条那样从三个方向进行牵引。

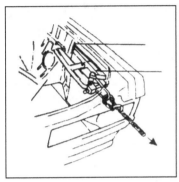

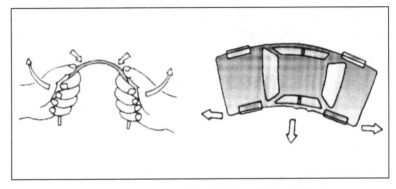

图6-21　水平方向上的牵引　　　　图6-22　校正车身侧向整体变形的基本原理

（2）垂直方向上的牵引

当车身于垂直方向上发生变形时（其中包括扭曲），就需要进行垂直方向上的上、下牵引。

对于前翼子板上扬一类的变形，可以采取如图6-23（a）所示的牵引方法装配拉链，将向上变形的车身构件向下牵引。进行向下牵引的操作时，车身构件将于三点承受两个不同方向上的作用力，门槛处的车身固定点C和牵引端A一样，都承受着垂直向下的拉力；而位于构件中间的支撑点B则承受着垂直向上的支撑力。根据力的平衡原则，中间支点B所承受的力的大小为A与C所受拉力的大小之和，这与图6-23（b）所示的对称牵引时的受力存在明显不同。这一分析的意义在于，校正过程中应十分注意B点的承受能力，一方面要选择变形开始的过渡点作为支撑点，另一方面还要兼顾构件强度的大小，必要时应加垫木块等以减少单位面积上的压力。否则，就有可能造成车身构件的损坏，而且也达不到校正变形的目的。

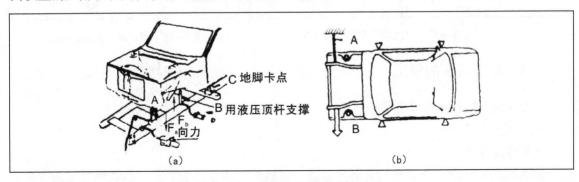

图6-23　垂直方向上的牵引与支承

与向下牵引相同，向上牵引也存在支撑方式和支点的选择问题。所不同的是，中间部位的受力方向与前述的正好相反，应特别注意防止中间支撑部位的二次损伤。

（3）车身任意方向折叠的牵引

发生冲撞事故后的损伤往往是十分复杂的，车身整体出现任意方向的折叠变形最为常见。前、后车身发生严重折叠变形并伴随下垂损伤时，最好使用图6-24所示的台式校正系统，利用车身底梁做整体固定后，借助拉链和挂钩分步骤牵引、校正。牵引和校正时，应从强度较大的构件开始，并首先修复对车身控制点影响较大的部位。

图6-25和图6-26所示是校正车身多处折叠变形并伴随下垂损伤时的修复方案。校正时可先用拉链将变形部位拉紧，再用液压千斤顶将下垂的纵梁适当顶起至正确高度。操作时一定要注意两个方向的牵引同时进行，并且要反复校正、反复测量，避免发生校正过度现象。为了防止损伤支撑或牵引部位的构件，校正时可在受力部位垫以木块或金属衬垫。

当中间车身受到冲撞损伤时，可采用图6-27所示的牵引方案予以校正。校正时应注意选择合适的挂钩，因为中央门柱为封闭式断面，并且强度有限，校正过度或因校正造成变形损伤都会十分棘手。

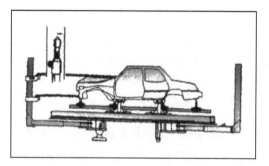

图6-24　车身折叠的校正

图6-25　车身多处折叠变形的校正

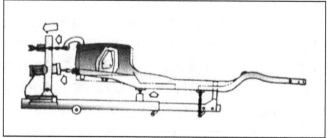

图6-26　车身多处折叠的牵引与支撑力分布

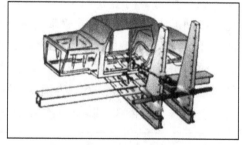

图6-27　侧向冲击损伤的校正

（4）车架变形的校正

对车架变形的校正方案有两种：

· 就车法校正。

· 解体法校正。

前者的车架与车身及底盘的大部分总成，仍然处于基本装配状态；后者则将车架由车上拆下，校正作业是在工作台上单独进行的。

就车校正车架的变形，完全可以参照如前所述的垂直方向和水平方向的牵引方法。要注意以下几个方面的问题：

① 校正变形前应将与车架装配在一起的有关总成的连接螺栓松开，必要时应当拆下，以免校正过程中形成的相互位移将其损坏。

② 由于车架强度较高，固定点、牵引点以及支撑点的布置应尽量合理，以防止构件受力的应力过于集中。

③ 对不适宜就车校正的变形，应及时改变修复工艺，不要强行牵引。

④ 校正竣工后，还应检查车架各部的铆钉有无松动，若松动应予以拆除并更换。

车架变形的主要形式是弯曲和扭曲。其中，弯曲分为垂直方向和水平方向两种，扭曲则分为扭转和对角扭曲（菱形）。对于垂直方向上的弯曲变形，可参照图6-28（b）所示的方案予以校正；对于水平方向上的弯曲变形，可参照图6-28（c）所示的方案予以校正；对车架的扭曲变形，则可参照图6-28（d）所示的方案予以校正。但是，无论哪一种校正方式，都要使力的作用点避开车架翼面的边缘或腹板的中部。对支撑点的选择亦应兼顾支撑力的合理分布。如图6-28（a）所示的那样，使支撑点远离弯曲变形的部位，校正时非但达不到修复的目的，而且势必使车架发生二次损伤。

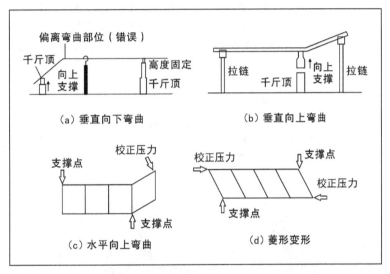

图6-28 车架弯曲变形的校正

6. 车身结构件碰撞校正

（1）前部车身碰撞校正

① 前纵梁和前翼子板内加强件的校正

如图6-29所示，首先按与撞击相反的方向拉拔换件侧的纵梁，然后修复修理侧的翼子板内加强板和纵梁，而后再修复换件侧的翼子板内加强板和纵梁的安装部位。

一般情况下，修理侧的整个翼子板内加强板和纵梁往往只是向左或向右偏斜，如图6-30所示。由于长度方向实际上并未发生扭曲，修理过程中，在注意修理情况的同时，应不断地测量对角线长度，并校正其距离。为了提高作业效率，可同时拉拔纵梁与翼子板内加强板上部的加强件。如果修理侧的纵梁朝外侧偏斜，则应朝前转一角度拉拔，同时要注意监测对角线的变化；如果修理侧的纵梁朝内侧偏斜，则应直接向前拉拔；如果修理侧的纵梁损伤严重，则应在对角线长度正确的点处把横梁和散热器上固定板拆开，分别进行修理。

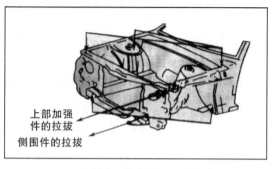

图6-29　拉拔校正换件侧翼子板内加强件

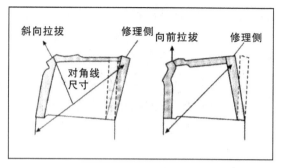

图6-30　拉拔校正翼子板加强件修理侧

② 前支柱和前围的校正修复

对于换件侧的前翼子板内加强板和纵梁的修理，主要的修理部位是前围。

如图6-31所示，如果碰撞严重，则损伤可能波及前支柱，车门的定位也会受到影响。仅仅简单地夹住翼子板内加强板前缘处进行拉拔，并不能修复前支柱和前围的主要损伤，而应在安装部位附近截断内加强板和纵梁，在主要损伤部位附近夹卡，然后进行拉拔。在对前支柱向前进行拉拔的同时，还可以用一个便携式油缸从内侧撑顶。

③ 前侧围的校正修复

对于因侧向碰撞而造成的前部车身侧向损伤的修复，最好采用台架式校正设备。

如图6-32所示，受力最大的拉拔点是点B，必须保证夹紧。如果点C未夹紧，点A处就不能拉拔。如果点C处没有合适的夹卡部位，可使用夹在四个点上的车底夹持器来修理车身。

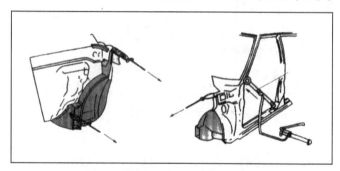

图6-31　前支柱和前围的校正修复

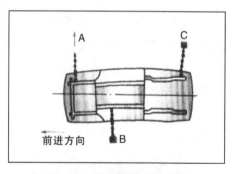

图6-32　前侧围的校正修复

（2）车身侧围碰撞校正 ▪▫▪▫▪▫▪▫

一般情况下，尾部碰撞都是撞在后保险杠上，其冲击力由后纵梁或附近的板件传递，从而造成纵梁上翘部位的损伤，并由此引起轮罩变形，整个翼子板前移，从而改变了其他部件之间的间隙。

修理时，如图6-33所示，首先将夹持器或挂钩固定在后纵梁、行李厢地板或后翼子板的后部，然后边拉拔边对车身下部每个尺寸进行检测。在后纵梁被挤进轮罩或者后门缝有变形的情况下，不要夹持及拉拔变形不大

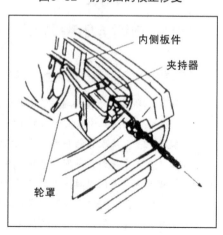

图6-33　车身后部的校正修复

或未出现变形的翼子板，应只对纵梁进行拉拔来消除翼子板内的变形应力。

（3）车身顶部碰撞校正

在承载式车身轿车上设置了压扁区，如图6-34中箭头所指处，其目的在于控制和吸收撞击力，减少结构破坏，增强对乘车人的保护，因而不要拆除任何一个压扁区。另外，修理时要按汽车制造厂家的建议校正或更换带有压扁区的零件。

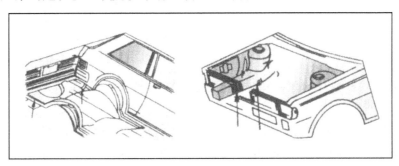

图6-34 校正车身上的压扁区

🌑 三、任务实施

1. 准备工作

① 检测工具包含钢卷尺、测距尺。

② 维修工具设备包含钣金锤、顶铁、橡胶锤（木锤）、橇板（杆）、气动锯、车身外形修复机、等离子切割机、CO_2焊机、角磨机、各种扳手等。

2. 车门板件维修工艺过程

① 检修前，再次检查车门铰链是否弯曲；观察车门与门洞间的位置关系；查看面板的固定方式，同时拆下车门的内部附件。

② 用氧乙炔焰和钢丝刷除掉面板边缘焊点部位的油漆，然后用手电钻和焊点剔除工具除掉焊点。

③ 在门框上贴上标记条，分别测出面板边缘到标记条下边线的距离b和面板边缘到门框的距离a，如图6-35所示。

④ 用等离子弧切割机或砂轮机把面板与门框之间的钎焊缝剔除。

⑤ 打磨面板边缘的翻边，只磨掉外缘而使其断开即可。不要打磨到门框上。不要用切割锯或电凿来拆卸，以免造成门框变形或意外割坏，如图6-36所示。

⑥ 用锤子和錾子把面板与门框剥离开，用剪刀沿那些无法钻掉或磨掉的焊点周围把面板剪开。

⑦ 到面板能自由活动时，拆下面板。用钳子拆除留下的边，再用砂轮机打磨掉残留的焊点、钎料和锈斑。

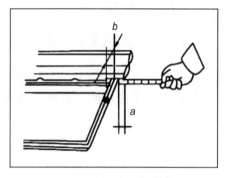

图6-35 测量出面板的位置

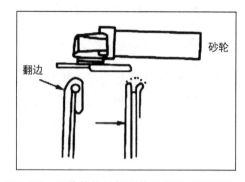

图6-36 翻边外缘被打磨前和打磨后的断面

⑧ 拆下面板后检查门框的损坏情况，同时对内部损伤进行修理（必要时，用锤子和顶铁修理内折边上的损伤）。

⑨ 在焊接部位涂上透焊防蚀涂料，其余裸露部位涂防锈漆或其他防锈涂料。

⑩ 准备安装新面板。钻出塞焊用孔，用砂纸磨去焊接或钎焊部位的油漆。裸露部分涂上防锈涂料。

⑪ 在新面板背面涂上车身密封胶，在距翻边10mm处均匀涂抹，厚度为3mm。

⑫ 用夹钳将面板安装到门框上，准确地对好位置，对需要钎焊的部位认真进行钎焊。

⑬ 用锤子和顶铁做翻边，翻边时顶铁上应包上布，以免划伤面板。翻边应分三步进行，注意不要使面板错位，也不要出现凸起或折痕，如图6-37所示。

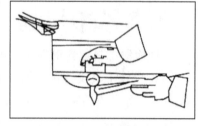

图6-37 敲出面板的翻边

⑭ 翻到30°后，用翻边钳收尾。收尾也分三步进行。同时注意不要造成面板变形，如图6-38所示，用点焊或塞焊焊接车门玻璃框．然后再对翻边进行定位点焊。

⑮ 在翻边处涂上接缝密封胶．在焊接相钎缝部位的内删除防蚀涂料。

⑯ 在新面板上钻出用于安装嵌条和装饰条的孔。在安装任何零件前，所有的棱边都要修整好。

⑰ 将车门放入门框内，检查定位状况，为表面修饰做好准备后，把两个车门装好。

⑱ 调整车门与相邻板件间的位置关系，检查转动是否灵活。

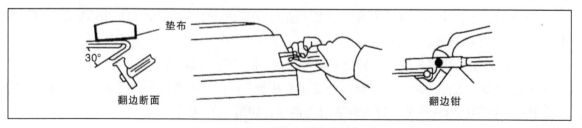

图6-38 用翻边钳进行翻边

项目七 车身钣金件的切割与更换

一、任务描述

车身钣金件的切割与更换是车身修复的主要环节之一，对接缝质量无严格要求的部位，如车身底板横梁、车架、骨架等，可选用氧乙炔火焰进行切割。

为了保证分割不危害车辆的结构的完整性，对切割部位、切口走向、切换范围等都有一定要求，应视车身构件的结构强度、电阻点焊方式、断面形状等因素而定。为此，在进行车身构件的切换作业时，一定要懂得板件的相关知识特点，以便制定切割与更换方案。

二、相关知识

1. 板件更换条件

① 当结构件碰撞受力较大时，产生比较严重的翘曲接近无法修复时。

② 产生腐蚀比较严重的部件，通常唯一修复的办法是更换部件。

③ 一些重要区域是高强度钢板区，如保险杠加强件和侧护板门梁。这些板件受损后必须更换，不能用加热来进行校正高强度钢板。

④ 如图7-1所示，严重弯折的结构件应更换（当一个弯折结构件的弯曲弧度小于1/8弧度，或弯曲半径小于3.2mm，或弯曲角度超过90°）。

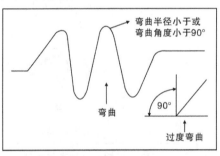

图7-1 弯折结构件

2. 车身钣金件的切割

（1）构件的割断方法

割断时使用的工具应与切割部位相适应。用风动锯切割可以获得整齐的切痕，适于断面尺寸不大的小板类构件，如窗柱、门柱、门槛板等，如图7-2所示；用风动錾配切割錾刀的割断效率高，适于切割面板类构件，如车身壁板、底板、翼子板等，如图7-3所示；氧乙炔割具虽然具有切割能力强、切断效率高的优点，但热影响较大且殃及面广，适于对较厚钢板制成件的割断，如底板横纵梁、车架、骨架等。

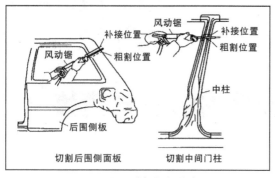

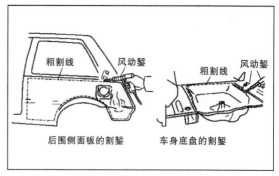

图7-2 用风动锯切割的方法　　　　　　　图7-3 用风动錾切割

（2）构件焊点的拆解

　　对于组焊而成的车身构件的拆解，其关键作业是剥离焊点或焊缝。剥离方法则主要取决于焊接方式及在车身构件上的分布状况等，如是焊点还是焊缝、在边缘还是在中间、朝上面还是向下面等。但都以切割、钻削、磨削等方式为主，如图7-4、图7-5所示。

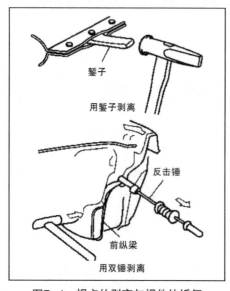

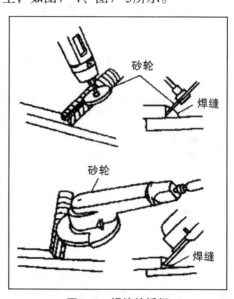

图7-4 焊点的剥离与焊件的拆解　　　　　图7-5 焊缝的拆解

（3）铜焊的拆解

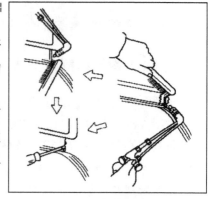

　　拆解铜焊构件可应用氧乙炔焊枪加热的办法，利用钢钎料熔点低的特点加热使之熔化，从而达到对车身构件拆解的目的。

　　当铜焊的准确位置确定后，可将氧乙炔焊枪的火焰调节成中性焰，对焊缝上的钎料加热使之熔化，与此同时用铜丝刷将熔化的焊料除掉以免流淌；趁铜焊的钎料未发生冷凝之前，用螺丝刀等工具撬动焊缝使构件松动，如图7-6所示。

图7-6 铜焊的拆解方法

3. 板件的拆卸与更换

（1）轿车前翼子板内加强板总成、前横梁和散热器支座的更换

① 检查前翼子板内加强板与纵梁安装面的装配标号是否一致，确认并匹配好之后用夹钳将它们夹紧。没有装配标记的零件，则放在旧零件的位置上。

② 利用杆规检测基准点间的距离来确定零件的位置，把零件定位。在一个位置用定位焊临时固定前横梁，然后垫上木块，用手锤击打木块，木块击打板件使之向必要的方向移动，调整其长度方向上的位置，如图7-7所示。

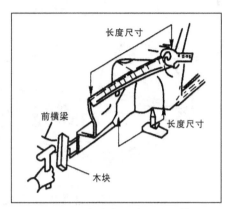

图7-7 长度方向位置的调整

③ 在未焊接的板件端部划上定位线，然后钻孔，并用钢板螺钉将零件固定在一起，在内加强板部位上划一条线，但不要把它们焊接起来。

④ 用自定心规检测车辆两侧的新旧内加强板的相对高度，使之一致，然后用千斤顶支撑住新内加强板，以确保其高度位置不发生变化，如图7-8所示。

⑤ 测量宽度和下对角线长度，仍用千斤顶支撑住新板件，以免高度位置发生变化。然后，根据需要调整纵梁位置，得到正确的尺寸，再重新检查、确认高度尺寸，如图7-9所示。

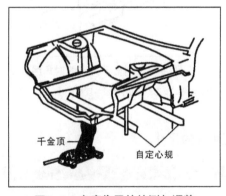

图7-8 高度位置的检测与调整

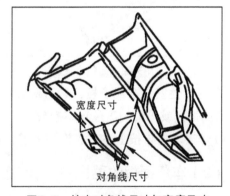

图7-9 检查对角线尺寸与宽度尺寸

⑥ 仔细确定前横梁的位置，使其左右两端均匀一致。

⑦ 纵梁的位置尺寸与尺寸图表中所注尺寸确认一致后将它固定。悬架横梁也可用夹具来安装。以足够数量的塞焊点把前横梁与纵梁的连接部位固定好。

⑧ 确保内加强板的上部尺寸不发生变化，可通过检查所划标线是否产生了移位来确认。

⑨ 检测翼子板后安装孔与悬架座孔或翼子板前安装孔之间的对角线长度。

⑩ 测量在宽度方向上悬架座和前翼子板螺栓孔之间的尺寸，然后把它们固定在一起。

如果其宽度方向上的尺寸与车身尺寸手册中所标注的尺寸不一致，则须进行微量调整，同时要注意对角线的变化。临时性安装并固定散热器下支座，如图7-10所示。

⑪ 如图7-11所示，将杆规调至适当尺寸，并根据需要调整内加强板测量纵梁在宽度方向上的尺寸。如图7-12所示，用夹钳较松地固定住下支座，然后用手轻轻拍打使其到位。

⑫ 测量散热器支座的对角线长度，确保这两个尺寸一致，如图7-13所示。

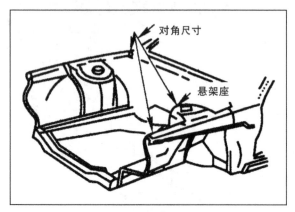

图7-10　安装散热器的上、下支架

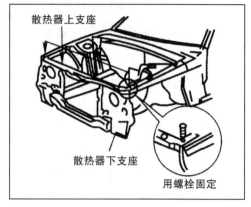

图7-11　测量纵梁在宽度方向上的尺寸

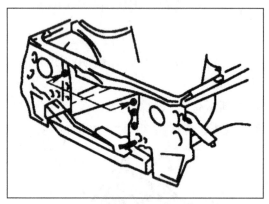

图7-12　用夹钳固定住下支座

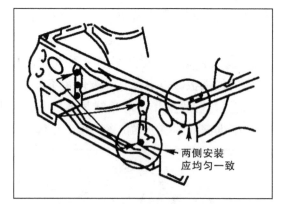

图7-13　测量下支座的对角线长度

⑬ 临时性安装前翼子板，然后检查它与车门间的位置关系。如果缝隙不合适，则原因可能是内加强板或纵梁高度位置不准确。

⑭ 焊接之前再按上述方法检测一遍，再次验证所有的尺寸。

（2）车门面板的更换

① 焊接固定的车门面板的更换

● 在拆卸车门之前，应检查车门铰链是否弯曲，观察车门与门洞的位置关系。查看面板的固定方式，以确定需要拆卸内部的哪些构件。拆下车门玻璃，以免在修理车门时破裂。拆卸车门，放到合适的工作场所。

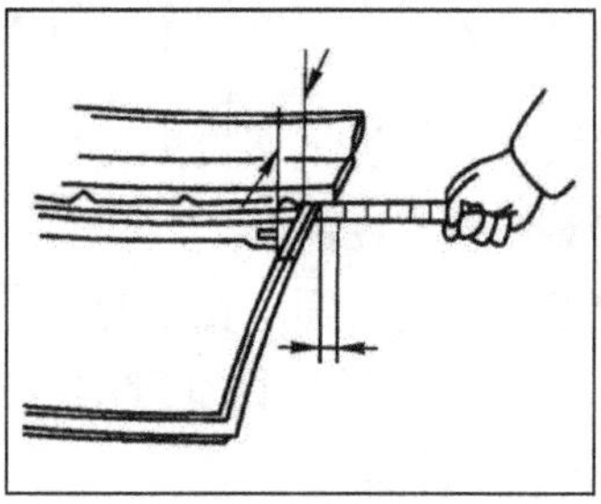

　● 用氧乙炔焰炬和钢丝刷除掉面板边缘焊点部位的油漆，用钻和焊点剔除工具除掉焊点。

　● 在门框上贴上标记条，分别测出面板边缘到标记条下边线的距离和面板边缘到门框的距离，如图7-14所示。

　● 用等离子弧切割机或砂轮机把面板与门框之间的钎焊缝剔除。

图7-14　测出面板的位置

● 打磨面板边缘的翻边，只磨掉边缘而使其断开即可，不要打磨到门框上，如图7-15所示。不要用割机或电凿来拆卸，以免造成门框变形或被意外割坏。

● 用手锤和凿子把面板与门框剥离开来，用铁剪沿那些无法钻掉或磨掉的焊点周围把面板剪开，如图7-16所示。

图7-15 打磨掉车门面板翻边的外缘

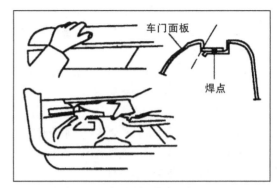

图7-16 沿焊点周围剪开

● 待面板可自由活动时，拆下面板。用钳子拆除留下的翻边，再用砂轮机打磨掉残留的焊点、钎料和锈斑。

● 拆下面板后检查门框的损坏情况，同时对内部损伤进行修理。必要时，用手锤和砧铁修理内折边上的损伤。

● 在焊接部用剪刀沿焊点周围剪开部位涂上透焊防蚀涂料，其余裸露部位涂防锈漆。

● 准备安装新面板。钻出或冲出塞焊用孔，用砂纸磨去焊接或钎焊部位的涂层。裸露部分应涂上透焊涂料。

● 有些面板配有隔音板，这些隔音板必须固定到面板上。这时应先用酒精擦净面板，然后用粘接剂将它们粘接起来。在新面板背面涂上车身密封胶，应在距翻边10 mm处均匀涂抹，厚度为3mm。

● 用手锤和砧铁进行翻边，翻边时砧铁应包上布，以免划伤面板。翻边应分三步进行，注意不要使面板错位，不要出现凸起或折痕，如图7-17所示。

● 如图7-18所示，边翻至30°后，用翻边钳收尾，收尾也应分三步进行，同时注意不要造成面板变形。

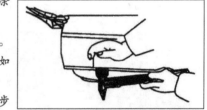

图7-17 用手锤和砧铁进行翻边

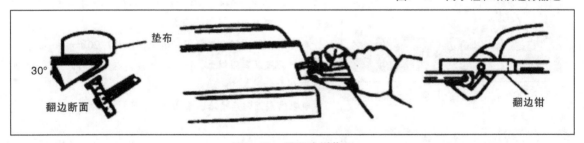

图7-18 用翻边钳收尾

● 用点焊或塞焊焊接车门玻璃框，然后再对翻边进行定位点焊，如图7-19所示。

● 在翻边处涂上接缝密封胶，在焊接和钎缝部位的内侧涂上防蚀剂。

● 在新面板上钻出用于安装嵌条和装饰条的孔。在安装任何零件前，所有的棱边都应修整好。然后将车门放入门洞内，检查定位状况，为表面修饰做好准备后，把车门装好。

● 调整车门与相邻板件间的位置关系，检查其转动是否灵活。

图7-19 车门玻璃框的焊接

② 粘接固定的车门面板的更换

- 拆下所有零件、装饰件和玻璃后卸下车门。
- 用砂轮机和直径为80 mm的砂轮打磨车门外缘,这样才能安全地拆开和卸下面板。
- 用凿子剔掉残余的翻边。
- 用砂纸打磨掉那些不宜用砂轮打磨的部位的锈蚀斑点,然后用砂轮机清理门框与面板的所有接合部位。
- 必要时校正车门门框。
- 用优质除胶剂彻底清理车门门框边缘的内外面。
- 对新面板做定位配合检查。
- 门框两侧涂黏结性底漆。
- 切开黏结剂管嘴,使挤出的黏结剂条的直径达3 mm。
- 黏结剂应连续涂敷,既可涂在面板内侧翻边处,也可涂在门框上靠面板的一侧。
- 仔细地将面板黏结到门框上。
- 用常规方法做面板的翻边,一定要擦掉翻边处多余的黏结剂。
- 在翻边接缝处用接缝密封胶密封。
- 为防止锈蚀,车门内侧涂上防锈涂料。
- 喷漆,将车门装好。

③ 塑料车门面板的更换

模压塑料板在承载式车身汽车上使用得越来越多。许多车门,除了内埋梁是超高强度钢挤压件、车锁和铰链加强件是钢件外,其他部分完全是用塑料制成的。模压塑料车门面板的具体更换方法如下。

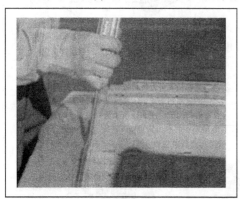

图7-20 在门框折边上涂二元黏结剂

- 需要的话,将车门面板的中心部分切下来,最好用气剪或气锯,这样切入深度容易控制。
- 在黏结部位加热,并用撬棒或凿子把剩余的面板拆下。注意不要损坏车门框的折边。
- 用砂纸打磨门框折边,除去所有残留的黏结剂。用肥皂水清洗新面板的黏结部位,然后晾干。用砂纸打磨黏结部位,使玻璃纤维暴露出来,再用干净布擦干净。
- 将塑料黏结剂涂在门框折边上,如图7-20所示。
- 把面板装到门框上,并轻轻夹紧,以便在面板与门框之间保留部分黏结剂。
- 黏结剂固化后喷漆,装上车门。

4. 板件更换实例

(1)发动机罩的更换

① 打开引擎盖的盖锁,并打开引擎盖。拔掉挡风玻璃清洗管。

② 取下罩绝缘子、清洗管等。

③ 如图7-21所示,卸下车铰链的螺栓。在一个助手的帮助下支撑引擎盖,然后断开支柱与引擎盖上的连接,取下罩。

④ 新罩的颜色需要与车身相匹配。检查车辆识别号(VIN)

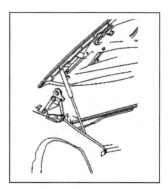

图7-21 发动机罩拆卸

的颜色代码。

⑤将新的引擎盖在助手的帮助下安装。连接车体的螺栓不要拧得太紧。

⑥安装取下的罩绝缘子、清洗管、车标。

⑦小心地合上引擎盖并检查对齐。调整机盖，并拧紧铰链螺栓。

（2）前纵梁的更换

①确定前纵梁更换的长度，划出切除线。

②用砂轮或平头钻除去应切割部分的前纵梁与翼子板连接的焊点。

③截去纵梁的损坏部分。

④对换上的新纵梁，按纵梁截去的长度，预留20mm焊接长度，截去新纵梁多余的部分，如图7-22所示。

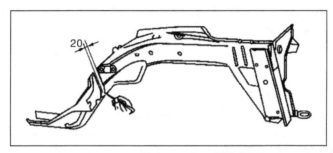

图7-22　截去纵梁多余的部分

⑤对焊接处进行清洁除锈。

⑥在纵梁对接处，用相同厚度的钢板制作一个加强板覆盖其上，以提高纵梁的强度，如图7-23所示。

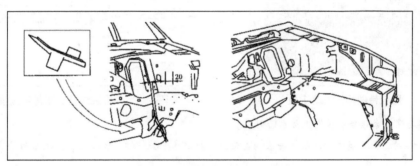

图7-23　纵梁的加固与焊接

⑦将纵梁在车身中进行正确定位，并分割新纵梁多余部分。

⑧用点焊方法，焊接纵梁与翼子板。

⑨对焊接处进行平整作业并做防腐处理。

（3）挡风玻璃的更换

挡风玻璃的更换步骤如下。

①遮盖好附近的车身板。

②一定要拆下所有的装饰条、饰物及相关的金属件。

③ 如果玻璃内埋有天线，先拆开挡风玻璃下部中间的天线引线，然后用胶带把线头黏贴在玻璃上。

④ 找出密封条外侧的锁条，撬下锁扣，将锁条拉出，然后把玻璃周围的密封条打开。

⑤ 用油灰刀从内侧及外侧将密封条与压焊法兰分离开。

⑥ 与助手一起将玻璃及密封条从窗框中推出，如果玻璃完整无损并想继续利用，则推玻璃时用力应均匀。不管玻璃是否破碎，拆卸挡风玻璃和后窗玻璃时都应戴手套和护目镜。

⑦ 用溶剂清理窗框法兰上的污物和残留的密封胶。

⑧ 把玻璃放到铺有布的工作台上，加以保护。如果拆卸玻璃是为了修理车身，就不要把密封条从玻璃上拆下来。

⑨ 如果玻璃已经破碎，需要更换，则应将密封条从旧玻璃上拆下来装到新玻璃上。

⑩ 如果裂纹出现在玻璃的外缘，则可能是由于窗框法兰上有局部凸起或凹陷，或是焊点不平，应做检查并修整。

⑪ 安装垫块和垫条。如果原来的垫块已不能使用，则可从旧密封条上截下一块来做垫块用。

⑫ 小心地将玻璃装到垫块上，检查安装位置并对中，看玻璃与压焊法兰间的缝隙是否均匀。玻璃定好位后，把一条一条的胶带从玻璃贴到窗框上，如图7-24所示。

⑬ 沿玻璃周边将胶带切断，然后把玻璃取下放置一旁。在正式安装时，使窗框上的胶带对准玻璃上的胶带来定位。

⑭ 把绒绳塞进窗框法兰的密封条沟槽内，应从玻璃的顶端开始塞，使绒绳的两个末端在玻璃下缘的中部汇合，用胶带把绒绳末端黏贴到玻璃的内表面上，如图7-25所示。为了使塞绳容易些，可在沟槽内喷肥皂水。

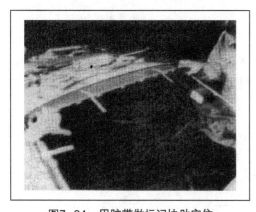

图7-24　用胶带做标记协助定位

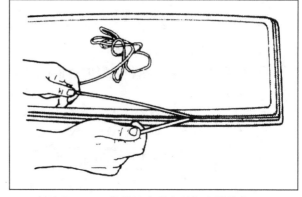

图7-25　将绒绳塞进密封条沟横槽内

⑮ 在窗框与密封条接合部位涂上防水密封胶。

⑯ 由助手协助，把玻璃和密封条组件装到窗框里，应注意按胶带标记调整定位。把密封条底面的槽滑到窗框的压焊法兰上。

⑰ 慢慢拉绒绳末端，使密封条在法兰上滑动，应先从玻璃的下缘开始，使密封条进入位置，然后是侧缘，最后是上缘。绒绳的两端要一齐拉，否则玻璃容易破裂。

⑱ 在密封条的车身一侧四周涂少许防水密封胶。

⑲ 用溶剂清除多余的密封胶。

⑳ 安装装饰条。

㉑ 用低压水流对挡风玻璃的周边做漏水检查。

㉒ 在锁条沟槽内涂肥皂水，然后把沟槽撑开，将锁条送进窗框，装好锁条。肥皂水具有润滑作用，可使锁条易于滑入。

（4）车身侧围装饰条的更换

① 粘接型侧围防护条的更换

如图7-26所示，拆除前，用热风加热侧围防护条2，为了避免损坏漆面，拆卸时须用织物将工具与车身接触部位包住。安装时，外板1须用松节油清洗，然后用硅酯处理一遍，擦干并加热到约35℃，再将侧围防护条2加热到约60℃。撕掉保护膜，并将防护条2定位，在保证安装位置正确的前提下用力压紧。

② 卡夹型侧围防护条的更换

如图7-27所示，拆卸时要用专用工具4将侧围防护条1与卡箍3脱开，为避免损坏漆面，须用织物将工具与车身接触部位包住。安装时，旅下套筒2，更换新卡箍3，将侧围防护条装在卡箍3上。

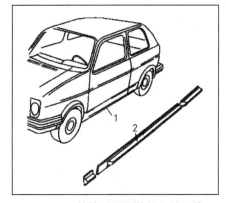

图7-26　粘接型侧围防护条的更换

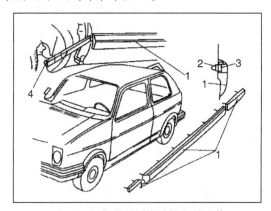

图7-27　卡夹型侧围防护条的更换

（5）顶盖塑料蒙皮的更换

当蒙皮破损而无法修复时，可以按下述步骤予以更换。

① 拆开新蒙皮的包装，将蒙皮展开，除去皱折。

② 拆下蒙皮周边的装饰件，包括挡风玻璃和后车窗玻璃处的装饰条、雨檐装饰条、后侧板上端的装饰件，以及通过蒙皮固定的标签、装饰件等。必要时还要拆下后侧板内饰件，以便于拆除装饰件的固定螺母。对于某些车型，还要拆下一些内装饰层的装饰条，以便于拆除密封条的固定钉。在拆卸钉子时，要特别注意不要将钉孔拉坏，以便安装时钉子能钉入原来的孔中。

③ 清理掉顶盖板周边、挡风玻璃和后车窗玻璃处多余的黏结剂和密封胶，必要时可用热风枪加热使黏结剂变软，以便清除。

④ 用热风枪加热使蒙皮周边变软，然后用钳子将蒙皮边缘夹住，把它从顶盖板上揭下来。必要时可按图7-28所示那样用热风枪加热黏结剂使它软化。应注意仔细观察蒙皮在顶盖板上的原固定方法，对新蒙皮必须用同样的方法来黏结固定。

⑤ 揭下旧蒙皮后，用二甲苯类的黏结剂清除剂把顶盖板上的旧黏结剂清除掉。黏结剂并不一定要彻底清净，但必须保证其表面光滑平整，否则新蒙皮黏结上后也会是凹凸不平的。

⑥ 将顶盖的外围部位遮盖好，以免黏结剂掉到玻璃或漆面上，在使用喷涂型黏结剂时，这样做尤其重要。

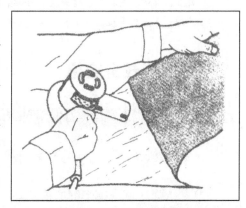

图7-28　用热风枪加热黏结剂

⑦ 将新蒙皮铺到顶盖上，检查形状和尺寸是否合适。

⑧ 取下新蒙皮，用粉笔在顶盖板上划出中心线，其位置一定要仔细测量准确；然后把蒙皮对折起来，在蒙皮的布面上划出中心线。

⑨ 将蒙皮铺放到顶盖上，将两条对称中心线对好，然后沿中心线将蒙皮的一半翻起来。

⑩ 在翻起的一半蒙皮上涂抹蒙皮用黏结剂，但覆盖后侧板上端、顶盖侧面或门窗周围等外伸部位的蒙皮暂时不要涂黏结剂。

⑪ 从中心线开始，在未铺蒙皮的那部分顶盖板上涂抹黏结剂，侧面或门窗周围等外伸部位也暂时不要涂。施用黏结剂一定要认真按照说明书的要求。有些蒙皮用黏结剂必须刷涂或辊涂，而有些必须喷涂，但不管黏结剂是怎样施用的，都必须涂得均匀，不得有气泡、漏涂或过量现象。

⑫ 按说明书的要求晾一段时间，然后小心仔细地以辊压方式将蒙皮黏结在顶盖板上，将一切鼓包和皱折消除掉，把蒙皮铺平。一定要将蒙皮和顶盖的正确位置关系保持好，然后可用硬塑料刮板排除气泡，如图7-29所示。对于所出现的皱折，可用热风枪加热蒙皮和黏结剂来消除。加热时，热风枪应与蒙皮保持25～50mm的距离，并且要转圈移动，使黏结剂受热均匀，利于软化，然后用刮板刮压将皱折刮平。

⑬ 按上述步骤黏结另外一半蒙皮，然后将顶盖上的蒙皮刮平，把所有的皱折抻开。

⑭ 在后窗下面部位的车身和蒙皮背面涂抹黏结剂，把蒙皮黏贴好并刮平，消除掉所有皱折。

⑮ 在顶盖侧面和门框部位、蒙皮背面涂抹黏结剂，将蒙皮黏贴上。注意，应把转角部位的蒙皮剪出所需大小的三角缺口，黏结时应尽可能将蒙皮拉紧。

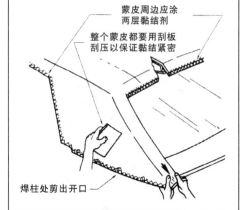

图7-29 顶盖蒙皮的黏结方法

⑯ 对于云线后窗，在其外围部位垫板和塑料板上涂抹黏结剂时应特别仔细，而且要用刮刀类工具在后窗框下面翻折蒙皮。

⑰翻边修整挡风玻璃和后窗孔处的蒙皮周边。窗框凹槽处应留有约13 mm宽的蒙皮余量，用于压盖。

⑱ 在后窗边框及相应部位的蒙皮背面涂抹黏结剂，转角处的蒙皮应剪出三角缺口，修整装饰条保持器焊接螺柱周围的蒙皮。

⑲ 在挡风玻璃窗框及相应部位的蒙皮上涂抹黏结剂，转角处的蒙皮应剪出三角缺口，修整装饰条保持器焊接螺柱周围的蒙皮。

⑳ 在有些型号的车上，找出每块顶盖后侧板上原用装饰件的两个安装孔并钻通；然后在孔内插入螺柱，装上装饰件，从车里面拧紧螺柱上的固定螺母，在螺母周围涂上硅密封胶。

㉑ 装上内饰板、内饰件、密封条和外部装饰件。

㉒ 清理整个工作部位。

🔵 三、任务实施

1. 承载式轿车车身侧前挡泥板更换

（1）准备

① 从点焊区域磨掉焊缝的痕迹。

用钢刷清除连接表面上的油泥、锈斑、油漆、保护层及镀锌层等。不要磨削结构钢板的边缘，否则将磨掉金属，使截面变薄并削弱连接强度。此外，还要清除板件连接表面后面的油漆和底漆，因为这些部位在安装时要点焊。

②　相配合的凸缘上的凹坑和凸起，要用锤子和垫铁敲平。

③　在油漆和腐蚀物已从连接面上清除，基体金属已经暴露的区域，应涂上可焊透的底漆。对于连接的表面或在以后加工过程中不可能涂漆的区域，要采用防锈底漆。

（2）挡泥板定位

①　安装挡泥板

将挡泥板按图7-30（a）所示的方法装配到位，并注意对正有关的安装标记；如新件上没有做出装配标记，可比照旧件拆解后留下的痕迹安装。随后用万能夹钳等夹具将挡泥板固定。如果挡泥板的前端不便使用万能夹钳，为使其结构稳定可与其他相邻构件暂焊（如前横梁）。

②　长度调整

其也称纵向装配位置的调整。按维修手册或列比法确定安装长度，调整测距尺，按图7-30（b）所示的方法，沿纵向测量、调整挡泥板的装配长度。

注意：测量的起止点应以基准孔或构件的装配孔为准，而不能以挡泥板的前端面为依据；纵向长度尺寸定位后应于上部选2～3点暂焊（因为测量点在上面）。

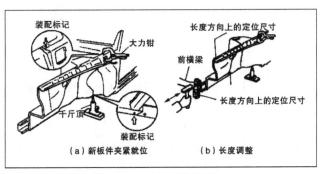

图7-30　新件的安装

③　高度调整

其也称垂直方向上装配位置的调整。可按标准参数调整挡泥板测量点的定位高度，也可使用定中规按图7-31（a）所示的方法测量，并通过调整使之与对称一侧的构件等高并对称，挡泥板的高度调定后及时将液压千斤顶锁住，并将其下部与车身暂焊，如图7-31（b）所示。

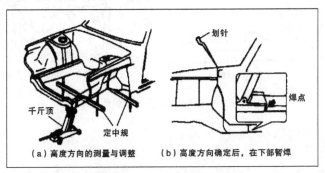

图7-31　高度方向上的调整

④ 宽皮调整

其也称水平方向上装配位置的调整。使用测距尺检验如图7-32（a）所示的宽度参数值，调定后将其与前横梁横向固定。然后，用图7-32（a）所示的方案校准高度和长度方向上的参数。如不符合要求，应继续进行微量调整且至合格为止。确认无误后装上悬架横梁并加以可靠固定（如螺栓连接、塞焊等）。

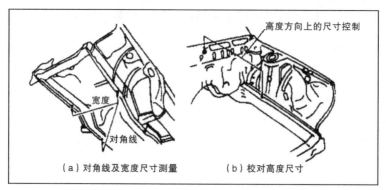

（a）对角线及宽度尺寸测量　　　（b）校对高度尺寸

图7-32　宽度方向上的调整

⑤ 安装散热器支架

将散热器支架安装并固定，然后用测距尺按标准参数值检查图7-33所示的尺寸，必要时进行调整并用万能夹钳将其固定。

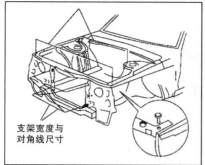

图7-33　测距尺按标准参数值

⑥ 安装翼子板

将翼子板装于挡泥板上并将定位标记固定，参照图7-34（a）所示方法，检查其后端面与车门边缘的间隙，应符合要求并上下一致。如果间隙不等，则说明挡泥板的装配高度有问题。

⑦ 参数验证

正式焊接前应按图7-34（b）所示方法，对全部定位参数做一次综合验证，并以目测的方式观察前车身的装配情况，检视各构件之间的平行与对称状态有无异常规象，否则应查明原因并予以修正。至此，即可转入电阻点焊作业阶段。

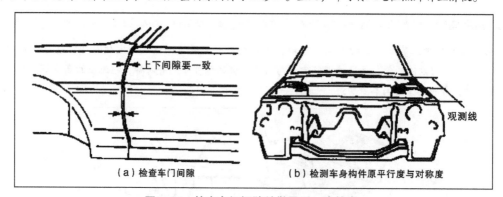

（a）检查车门间隙　　　（b）检测车身构件原平行度与对称度

图7-34　检查车门间隙并做最后一次检查

2. 焊接作业

挡泥板实现正确定位后，即可转入焊接作业。与构件的定位一样，焊接也与整体质量密切相关。挡泥板采用点焊与气体保护焊结合的方式焊接，能用点焊机焊接的尽量用点焊机焊接。点焊机无法焊接的用气体保护焊焊接，具体要求应参见维修手册。

严重的后端碰撞，以及中度的偏后的侧面碰撞，会导致后翼子板变形严重，应更换，下面介绍其具体步骤。

（1）后翼子板的拆卸与分割

首先用卷尺按照要切割部位的尺寸要求在板上划线，经观察比较无误后，用气动锯进行切割（切割部位一般选择在车顶侧板接近车顶200mm左右的地方和车门槛板靠近轮眉100mm左右的地方）。切割的断口要比新件安装时的对缝多20mm左右的余量。接着用点焊切割器去除焊点，移走旧板。

（2）准备

主要工作同挡泥板的更换，须强调的是，在切割新件与旧件时要确保接头部分应重叠20～30mm，如图7-35所示。

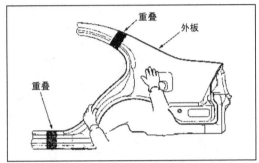

图7-35　新件与旧件接头部分重叠20～30mm

（3）后翼子板的安装与定位

① 安装后翼子板

将后翼子板按图7-36所示的方法安装到位，用万能夹钳将相邻构件的边缘夹紧，以使后翼子板在多处得到固定。注意：新件落料时的边缘余量不宜留得过大，否则不便于装卡和固定。

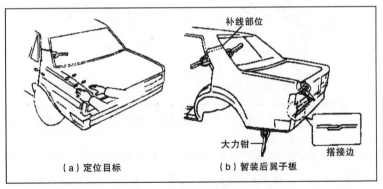

（a）定位目标　　　　（b）暂装后翼子板

图7-36　后翼子板的安装与定位

② 用适配法调整定位

用门侧的方法检查：构件的形线是否对齐和后翼子板与车门的间隙是否符合要[（图7-37（a）]，并用自攻螺钉将其临时固定[图7-37（b）]。在行李厢盖处于关闭状态下，检视后翼子板与行李厢盖之间的间隙利高度是否合适，并用对比法测量、验证窗口的对角线[图7-38（a）]，确认无误后也用自攻螺钉临时固定[图7-38（b）]。最后装上车身后部的灯具，以验证其适配情况及高度是否与另一侧对称（图7-39）。

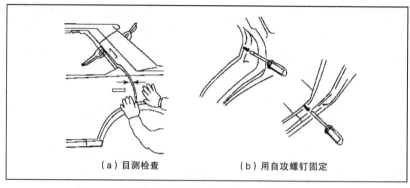

（a）目测检查　　　　　　　　（b）用自攻螺钉固定

图7-37　调整后翼子板与车门的适配度并加以固定

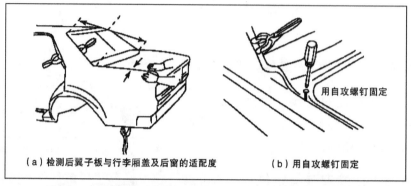

（a）检测后翼子板与行李厢盖及后窗的适配度　　　　（b）用自攻螺钉固定

图7-38　调整后翼子板与行李厢盖及后窗的适配度并加以固定

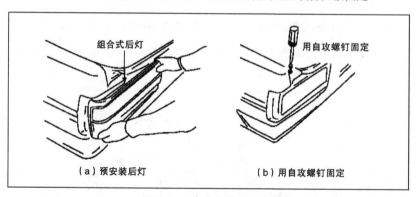

（a）预安装后灯　　　　　　　　（b）用自攻螺钉固定

图7-39　安装组合式后灯

③ 临时固定

　　每进行一项适配作业，都应在构件边缘的适当部位钻孔，而后用自攻螺钉将其临时固定，因为用夹具固定有时不够可靠，适配度的调整也不够方便。

④ 整体适配状况的检视

　　全部装配完毕后，再进行一次整体适配状况的检视，查看各部分间隙、线形以及对称度等，还要检查新件及与之关联的构件，有否整体弯曲或扭曲等变形现象，在确认构件的安装与适配无误后，再进入电阻点焊作业阶段。

（4）新翼子板的分割

　　为使切割线能与新件的切口相吻合，可用由新件上割下的端头为基准在车身一侧划线切割，切割方法如图7-40所示。

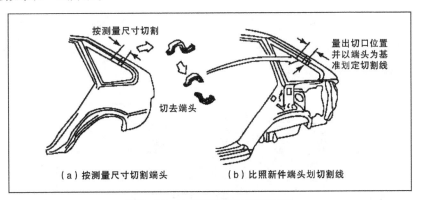

图7-40 比照新件切口划切割线

（5）新件焊接

通过调整、固定、检查、验证等项作业，确认新件的尺寸和位置正确无误后，即可转入电阻点焊作业阶段将其焊接就位。另外，要参考维修手册对焊接数目和种类的指示，一般在后翼子板的一圈及接缝处先进行点焊，如图7-41所示。然后对对缝部位采用气体保护焊的对接焊技术进行焊接，焊后，应将焊缝磨平，如图7-42所示。

图7-41 点焊

图7-42 对缝部件的焊接与处理

具体焊接时要注意以下问题。

① 焊接顺序

焊接顺序应遵循由中间向两边、先基础件后附属件的原则。使用气体保护焊时，应按图7-43所示的程序焊接，以免使焊口局部过热而变形。同时要注意，暂焊时应先用万能夹钳固定，然后由中部开始焊，以避免焊接缺陷。

② 焊接防护

焊接过程中产生的火花或热影响，会损坏车身涂层、玻璃、装饰件等，应采取相应的保护措施（如遮盖、拆除等）。此外，点焊机地线虚接所产生的电动势，有可能地击穿车上的微电子设备，故应确保接地可靠并将车上电源回路断开（如切断总电源或拆下蓄电池的电源线等）。

③ 参数验证

焊接过程中，仍然有必要对那些重要参数进行抽查（测量），使关键要素始终处于受控状态；否则，当竣工验收不合格而需要拆解时，其损失简直是灾难性的。

④ 焊接标准

焊接对构件的连接强度和汽车的安全性都有很大影响。因此焊接时一定要严格遵守操作规程（图7-43），要通过谨慎操作来获得优良的焊接质量。

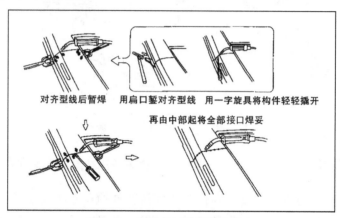

对齐型线后暂焊　用扁口錾对齐型线　用一字旋具将构件轻轻撬开

再由中部起将全部接口焊妥

图7-43　新件的对接焊操作程序

⑤ 焊缝的修整与处理

焊缝的修整方法主要是砂轮机打磨或锉削，所应注意的事项主要有：对焊缝的光整程度无特别要求的部位（如隐含部位、装饰部位等），仅磨削到表面光滑为止并留一定的凸起；对于有平面度要求的部位，应磨削适度以免影响车身构件的焊接强度；对那些不便于用砂轮机打磨的部位，可改用带式打磨机或挫削的方法解决。

除了焊前在接合面上涂施防锈剂以外，焊接竣工后还应在焊缝处涂施车身密封剂，以阻止泥水等的渗入使焊缝或金属锈蚀。

涂施前应先将焊缝及其周围清理干净，然后用胶枪按图7-44（a）所示的方法沿焊缝施胶；枪嘴的直径应与焊缝相等，涂胶过量时应用于指将其抹平，如图7-44（b）所示。对于有装饰要求的部位，还可先于焊缝两边黏结胶带纸并在施胶后将其揭除，由此使涂胶后的部位更加美观。

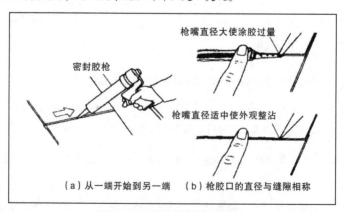

枪嘴直径大使涂胶过量

密封胶枪

枪嘴直径适中使外观整沾

（a）从一端开始到另一端　（b）枪胶口的直径与缝隙相称

图7-44　用胶枪涂施密封剂

对于图7-45所示的补接或箱式断面构件，由于焊接后原有的防锈涂层已经被破坏，故应按图示方法对准焊缝喷涂防锈剂，最好至流出为止。

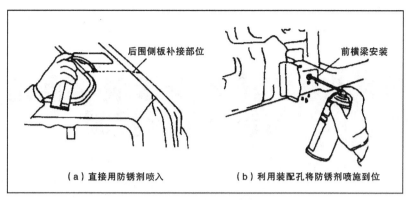

（a）直接用防锈剂喷入　　　　（b）利用装配孔将防锈剂喷施到位

图7-45　对焊缝喷施防锈剂

项目八 汽车车身修复车间危险源辨识及风险控制

一、任务分析

汽车车身修复车间危险源辨识及风险控制是汽车板件修复车间管理的主要内容，危险源是导致车身维修事故的根源。为了控制维修现场的安全风险，实现安全生产目标，并持续改进安全作业，预防事故发生，需要对钣金车间内部危险源进行辨识和风险控制，这是安全生产保证计划的主要工作内容。

二、相关知识

1. 汽车车身修复车间危险源辨识

（1）火灾爆炸

① 由于车身修复车间用的焊接与切割设备的氧气瓶为易燃易爆物，这些物质一旦发生泄漏，遇到明火、热源、静电等激发能源，可能发生火灾甚至爆炸事故。

② 如果车身修复车间挥发气体没有及时充分排空，可能会导致爆炸、爆燃事故，爆炸事故往往伴随着二次灾害——火灾。一般来说，导致炉内可燃气体集聚而燃爆的原因有很多：通风系统出现故障使室内爆炸性混合气体浓度达到爆炸极限、室内气体压力超过警戒值而报警系统未报警、泄压装置失效等。

（2）物体打击

悬挂链系统由轨道、链条、导轮、驱动装置和吊具等组件构成。如果其组件中有一个出现故障或缺陷，可能会导致链条断裂而造成物体打击伤害。

（3）触电

车身修复车间外将建配电所、车间变电所，由于人员误靠、接地装置失灵、外壳带电、操作工人在检查或者维修过程中没有穿戴相应的防护用品，进而发生触电事故。

（4）毒物伤害

尽管车身修复车间整个调漆及喷涂过程为封闭过程，但由于油漆溶剂为易挥发物质，这些物质包括甲苯、二甲苯，如密闭装置发生泄漏或者车间通风不良，使这些有毒有害物质聚集，可能对人员造成中毒伤害。

（5）酸碱腐蚀伤害

在前处理过程中，涉及脱脂液（稀碱）、磷化液（稀酸）槽罐，这些物质具有一定的腐蚀性。当工人在换液、清洗槽等过程中，接触这些物质后可能导致酸碱腐蚀伤害。

（6）高温作业

车身修复车间焊接与切割时温度较高，工人长期在高温环境下工作可能会导致身体脱水过多而出现其他职业性损伤。

2. 汽车车身修复风险控制

（1）防火

① 汽油是一种极易燃烧的油品，禁止用它来洗手或清洗工具。

② 粘满了机油、润滑脂或油漆的抹布应当妥善放置，否则可能会引起自燃。

③ 油漆、压力容器以及其他易燃材料要存放在指定的存储柜或库房内，库房必须有良好的通风。

④ 在喷漆区禁止点打火机或抽烟，以免油漆烟雾导致爆炸。

⑤ 车辆蓄电池容易爆炸，必须在通风良好的地方对蓄电池进行充电。

⑥ 垃圾和废物应定期从车间内清走，否则可能会造成严重的火灾或危险。

⑦ 在断开燃油管接头时一定要用抹布包住接头。

⑧ 氧气瓶等气瓶应当远离加热器之类的热源。气瓶在使用后要关掉主阀门，以防止气管漏气导致爆炸。

⑨ 为了防止电气火灾，在进行电气作业时，或者怀疑导线可能因碰撞而破裂时，一定要断开蓄电池或车间电源。

（2）防摔跤

车间地板上的沟渠盖子必须都紧密地盖好，否则可能会造成脚趾、脚踝和腿部伤害。

清洗油脂时要用油脂清洗剂。将清洗剂洒到溅出的油脂上，再用拖布擦干净，用画圆的动作进行擦拭。然后再撒一些锯末，用拖布将清洗剂擦干净。

所有通道和走道都应该足够清洁和宽敞，可以满足安全行走的需要，而且可以为所有机器提供操作空间。混乱的走道中可能有多种杂物，容易造成伤害。不要将工具或车底躺板遗留在地板上。

（3）防触电

触电是电流穿过人体时发生的伤害，可能会影响心脏和大脑的功能，甚至致伤或致死。

在机器或工具进行任何维修之前，一定要断开电源。一些新型轿车带有加热风窗功能，为了快速融化玻璃上的冰雪，加在玻璃上的电压有100V（交流电）以上。这个电压和电流足以对人造成严重伤害。混合动力汽车也装有高压／大电流用电设备，操作不当就可能对人体产生电击。

（4）防止窒息

某些工作区域必须有良好的照明和通风，如发动机排气管会排除致命的一氧化碳气体，它是一种无色无味的气体。在车间内运转的所有发动机都必须在尾管上连接一根车间通风软管。

（5）防止眼睛受伤

用气动打磨机吹去灰尘或打磨时应戴上合适的护目镜，但只适用于危险较小的场合，如有更多的颗粒会对眼睛造成更大的危险时，一定要戴上全脸面罩，如图8-1所示。

图8-1　全脸面罩

（6）防止化学烧伤

① 脱下浸泡着溶剂的衣服。衣服可能会将这些化学物质带到皮肤上，造成皮肤发炎或化学烧伤。为了加强保护，可以穿戴长袖衣服。

② 戴上橡胶或塑料手套，防止腐蚀性液体、底漆和面漆对人体产生伤害。在对溶剂或双组分底漆进行操作时，要戴上防渗手套，这种手套可以有效防止双组分油漆中的化学物质对人体产生伤害。

洗手时要使用合适的洗手液，切勿将稀释剂当洗手液用。稀释剂中很多化学物质会被皮肤吸收，最终会导致慢性疾病。

（7）个人安全

① 穿戴要整洁，衣服宽松要合身，一定要让衣服远离运转的零部件。松垮或悬垂的衣服也可能会被缠到车辆或机器上的转动零件中，从而导致严重伤害。

② 穿戴有防滑鞋底的厚皮鞋，以防摔跤和脚部受伤。

③ 在黑暗的地方如汽车底部作业时，要使用汽车维修照明灯，这样可以提高作业速度、质量和安全性。

④ 钣金空气锤和打磨时发出的刺耳噪声，以及收音机发出的噪声都有可能让人没法听到其他的声音。有些车间的声音很大，足以造成永久失聪。

⑤ 为防止严重烫伤，不要触摸热金属件，如散热器、排气歧管、排气管、催化转化器和消声器等。

⑥ 在钣金作业时，很容易被旋转的砂轮上锋利的锯齿金属割伤，一定要小心。当用台钳和打磨机工作时，双手应带皮手套，如图8-2所示。

⑦ 在将车辆开进车间时，注意其他车辆和人员，最好打开车窗，关闭收音机，以便能够

听见车外人员的指引。

（8）工具和机器设备的安全

① 在使用锋利或带尖的工具时应特别小心，它们可能会造成伤害。如果工具本来锋利，就应当保持其锋利的状态。

② 不要将旋具，冲子或其他尖锐的工具放在口袋里，这样可能会伤害自己或损坏车辆，如图8-3所示。

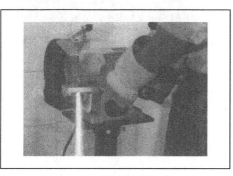

图8-2　用打磨机工作

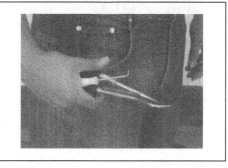

图8-3　禁止将尖锐的工具放在口袋中

③ 在使用电动工具时，一定要确保它的良好接地。万一工具短路，插座上的接地电流导向大地，使电流不会穿过操作者的身体。

④ 检查电线的绝缘层是否破裂以及是否有裸露的导线。在使用电动工具时为了防止被电击，不要站在潮湿或有水的地板上。

⑤ 在进行电动打磨、切割或磨光时，或者在进行类似的作业时，一定要戴上护目镜。

⑥ 在用电动工具加工小零件时，应当使用台虎钳固定，禁止用手抓住零件，以免零件滑脱导致手受伤。

⑦ 当在车底工作时一定要用支撑架将车辆支撑住，如图8-4所示。支撑架是专门用来支撑车辆的高强度钢件。在放置支撑架之前可以用液压千斤顶将车辆抬起，放好支撑架之后再将车辆降下来。禁止只用千斤顶支撑车辆，千斤顶是用来举升而不是支撑车辆的工具。

⑧ 如果车间内有液压举升机，一定要仔细阅读操作说明书。如图8-5所示，检查举升机的支垫举起20cm高，再次检查并确认车辆在举升机上是否平衡。如果听到嘎嘎声或刮擦声，说明车辆没有放好应当将车辆降下重新放置支垫的位置，然后确保对正后再举升。

图8-4　车辆支撑方法

图8-5　举升臂位置的检查

⑨ 如图8-6所示，在举升机举起过程中，任何人都不能待在车辆下方，在将车辆完全举起后，要锁好安全锁，确保人在车下工作时举升机不会落下。

⑪ 如图8-7所示，在车底操作时，要注意车辆的重心变化，以免车身失衡导致事故发生。

⑫ 在车辆内部、附近进行焊接或切割时，要拆下座椅的地毯，防止着火。另外，要将水和灭火器放在附近位置。

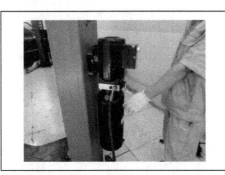
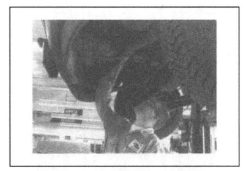

图8-6 锁好安全锁　　　　　　　　　　图8-7 车底操作时注意安全

● 三、任务实施

1. 事故风险预防方法

每年都有数以千计的汽车车身修复人员受伤甚至死亡。大多数事故都是由于违反了安全准则造成的。因此，必须小心以防止事故的发生。事故类型包括：窒息、化学烧伤、电击、火灾和爆炸。

（1）防止火灾

汽油、柴油乃至机油都是易燃物，要把它们放置在指定的安全桶中，不要用汽油或柴油洗手、洗工具。沾有易燃物质、油漆的抹布应放在指定的有盖金属容器中。所配备装有有机溶剂的容器，不使用时要关好。小心处理各种溶剂及其他易燃物质，以防泄漏。油漆、稀释剂、溶剂、压力容器和其他可燃物，应存放在指定地点和空间中，存储空间要通风良好。丢弃或清理好所有的盛放有机溶剂的容器，因为这些容器底部残留的溶剂也易引起火灾。车用蓄电池经常发生爆炸，要注意将其放置在通风良好的环境下充电。

过量的电流通过导线时也会引起火灾，这种情况通常发生在用电工作时。为了防止由电引起的火灾，在用电工作时或车身损伤可能切断导线时，要先切断电源的供电。

灭火器是用来快速灭火的工具，熄灭不同的火灾要使用不同类型的灭火器。多用途的化学干粉灭火器可以熄灭普通可燃物、可燃液体和由电引起的火灾。维修车间禁止吸烟，遇到汽油引起的火灾时，不要用水灭火，以防火灾蔓延，应使用灭火器灭火，除非必要，不要开门或开窗，因为空气的流动等于火上浇油。

发生火灾时，要先打电话报警，然后使身体重心尽量低一些，然后逃出去。切忌不要进入燃烧的建筑中取东西。

（2）避免电击

不要把水扫到地上，因为水可以导电，一旦有带电的线头掉在有水的地面上，就容易引起电击，站在地面上的人就会被严重击伤。使用电动工具时，必须站在干燥的地面上。在对机器或工具进行维修前，要切断电源。

（3）避免眼睛受伤

眼睛是心灵的窗户，在遇到对眼睛有损伤的情况，应戴上合适的眼睛或面部保护器。在使用溶剂、稀释剂、还原剂和其他类似液体时，要戴上化学防溅护目镜，因为眼睛对这些物质非常敏感。在有喷雾的地方，也应戴上护目镜。焊接时，必须戴上焊接面盔或使用焊接护目镜，以防熔化的金属飞溅到眼睛里，同时也能防止有害光线伤害眼睛。

（4）避免化学烧伤

在钣金车间内，有许多化学烧伤源，如清洁剂、某些油漆、冷却剂和溶剂等都能烧伤皮肤和眼睛。预防化学烧伤的原则如下。

① 当沾有溶剂的衣服上含有对皮肤有刺激或化学烧伤的化学物时，要停止使用。穿着长袖服装有利于整体保护。

② 带上橡胶或塑料手套以防腐蚀性的液体、底漆和面漆的伤害。使用溶剂或二元底漆和面漆时，要用防水的手套。

③ 洗手时要使用合适的手部清洁剂，不能使用稀释剂。

2. 工作注意事项

① 工作前要先将工作场地清理干净，以免妨碍工作或引发火灾，并认真检查所使用的工具、机具状况是否良好，连接是否牢固。

② 进行校正作业或使用车身校正台时应正确夹持、固定、牵制，并使用适合的顶杆、拉具、夹具及站立位置，严防物件弹跳伤人。

③ 使用点焊机、电焊机时，必须事前检查各部位及焊机接地情况，确认无异常后，方可按启动程序使用。

④ 电焊条要干燥、防潮，工作时应根据工件大小选择适当的电流及焊条，电焊作业时，操作者要戴面罩及劳动防护用品。

⑤ 焊补油箱、油管时，必须放净燃油，并用高压蒸气彻底清洗，确认无残留油气后，拆除螺栓，打开通气孔才能谨慎施焊。如无清洗条件，不得焊补油箱。焊补密封容器应预先开好通气孔。

⑥ 氧气瓶、乙炔气瓶要放在离火源较远的地方，不得在太阳下曝晒，不得撞击，所有氧焊工具不得沾上油污、油漆，并要定期检查焊枪、气瓶、表头、气管是否漏气。

⑦ 搬运氧气瓶、乙炔气瓶时，必须使用专门搬运小车，切忌在地上拖拉。

⑧ 进行焊接点火时，先开乙炔气阀，后开氧气阀，熄火时先关乙炔气阀，再关氧气阀。

⑨ 经常检查、保持水封回火防止器的水位。发生回火现象时应迅速卡紧胶管。